Un Défenseur alsacien en 1814

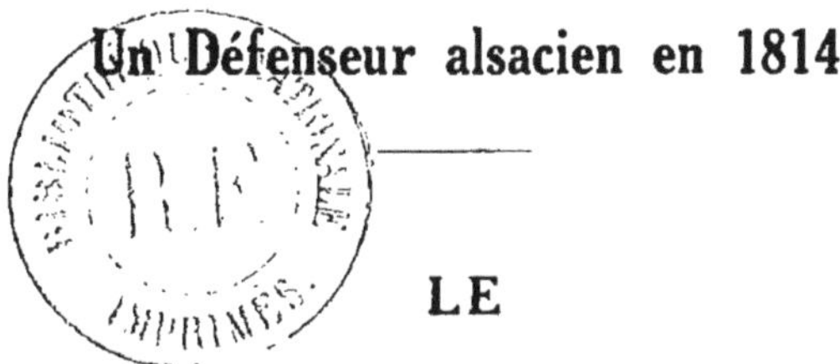

LE
Premier Siège de Belfort
et le
Commandant Legrand

Louis BLAISON

CAPITAINE D'INFANTERIE BREVETÉ

Un défenseur alsacien en 1814

LE Premier Siège de Belfort et le Commandant Legrand

PARIS

LIBRAIRIE CHAPELOT

MARC IMHAUS & RENÉ CHAPELOT, ÉDITEURS

30, Rue Dauphine, VIe (Même Maison à NANCY)

1912

AVANT-PROPOS

Pendant qu'à travers l'Europe les phases de l'épopée napoléonienne achevaient de se dérouler, les habitants de l'ancienne France, les yeux fixés au delà de leurs frontières ou attachés sur la personne impériale, avaient presque cessé de donner leur attention aux faits qui se passaient à côté d'eux. De tels événements, relégués à l'arrière-plan comme secondaires, dédaignés par les annalistes et les historiens du temps, ne nous sont connus aujourd'hui que par de trop rares documents, et l'aspect de la province française de cette époque est, sur bien des points encore, demeuré pour nous inconnu. C'était là pourtant, au sein même du vieux territoire national, que s'élaboraient ou se conservaient les forces obscures qui, sans répit, créaient l'histoire éclatante du dehors. Pendant ces vingt années de campagnes extérieures, on avait vu l'organisation et l'administration intérieures du pays s'adapter peu à peu, et comme d'elles-mêmes, aux besoins immenses, mais réguliers, de l'incessante guerre de conquêtes devenue à la fin l'état normal. Pourtant quand, les revers commencés, l'invasion à son tour eut paru imminente, il allait se produire, dans un organisme de nouveau désorienté par les nécessités non prévues d'une guerre défensive, une réaction de nature à en fausser ou même à en arrêter les rouages. Or, en 1813, les premiers contre-coups de ce retour d'équilibre devaient porter tout d'abord sur nos provinces frontières et, parmi celles-ci, sur la plus exposée, sur l'Alsace.

C'est pourquoi le récit des faits dont une petite place forte alsacienne, Belfort, fut le théâtre avant et après l'invasion de 1814, a paru propre à éclairer d'une lumière plus vive le cadre commun de tant de lointaines garnisons, si vite isolées d'ailleurs, autour desquelles allaient se précipiter les événements. Sans doute, une telle histoire prend-elle son intérêt d'une époque et d'un milieu qui, par leur couleur même, attirent aujourd'hui de nombreuses curiosités. Sans doute, le prend-elle aussi de l'étude d'une forteresse et d'une frontière où s'attachent plus que jamais nos souvenirs ou nos espoirs, et d'un siège qui, malgré son développement restreint, comporte de multiples et toujours actuels enseignements militaires. Pourtant, il est une chose qu'il en faut peut-être retenir avant tout. C'est qu'à cette époque ceux qui devaient à leurs modestes fonctions de représenter au loin le gouvernement le plus fortement centralisé qui fut jamais, subitement isolés, sans ressources et démunis de tout, nous ont montré comment on pouvait tirer de son propre fonds les moyens de s'élever à la hauteur des éventualités les plus inattendues et les plus graves, d'y faire face et de les dominer.

CHAPITRE PREMIER

Belfort en 1813

a) Un **gîte principal d'étapes** pendant la Campagne d'Allemagne

A la suite de la retraite de Moscou et pendant toute l'année 1813, l'Alsace avait été traversée sans arrêt par le reflux des évacuations dirigées de l'Allemagne et du Rhin vers l'intérieur du territoire et par le flux des apports nouveaux en hommes et en matériel qui, convergeant vers Mayence, allaient y déposer les éléments destinés à la jeune armée d'Allemagne. Malgré le désastre subi en Russie, les veines du corps français, déjà revivifiées par un nouveau sang, s'étaient remises à charrier, du centre du pays jusqu'aux extrémités, une circulation vite redevenue régulière.

L'étude du fonctionnement d'un *service de l'arrière* tel que fut celui de 1813, avec tous les organes que le besoin même avait forcément créés, ne manquerait pas de susciter, avec le détail de nos prévisions actuelles, d'intéressantes comparaisons. Bornons-nous à indiquer le rôle que devait jouer la place de Belfort dans l'ensemble du dispositif au cours des quelques mois qui allaient précéder, pour l'Alsace l'invasion, pour Belfort l'investissement.

A Belfort, l'autorité militaire était représentée par un officier qui avait le titre de *commandant d'armes* et auquel ses fonctions conféraient, en paix comme en guerre, le commandement sur la place, ses défenses, sa garnison et même, quel que fût leur grade, sur les chefs de cette dernière. Ainsi, l'organisation territoriale : la *place* à l'échelon inférieur; le *département*, sous les ordres d'un général de brigade; *la division militaire* (deux ou plusieurs départements), commandée par un général de division (1), embrassait tous les besoins des troupes en station, à une époque où celles-ci n'étaient, d'une façon permanente, ni embrigadées, ni endivisionnées (2).

Le commandant d'armes était en général un vieil officier, peu apte au service actif. Son personnel se composait d'un nombre variable d'adjudants de garnison (capitaines ou lieutenants) et de secrétaires civils. Les officiers du Service des places constituaient d'ailleurs un corps fermé, dont la suppression ne fut prononcée qu'après 1870. A Belfort, le commandant d'armes était le chef de bataillon Legrand, depuis dix-huit ans déjà en fonctions dans la place; les adjudants de garnison étaient les capitaines Ycard et Florance, le lieutenant Marion; le secrétaire-archiviste, M. Ledain.

---

(1) Le département du Haut-Rhin était commandé, à Colmar, par le colonel Crétin qui faisait fonctions de général de brigade, la 5e division militaire, à Strasbourg (départements du Haut-Rhin et du Bas-Rhin), par le général de division Desbureaux.

(2) Ajoutons que, même en dehors de la voie hiérarchique territoriale ainsi déterminée, les colonels et chefs de corps conservaient le droit à la correspondance directe avec le ministre pour toutes les questions intéressant l'avancement, les notes ou la comptabilité. De telles dispositions (qui dataient de Louis XIV) étaient expressément rappelées par Napoléon à Davout dans une lettre du 10 mai 1811.

Nous avons vu qu'au commencement de 1813, des divers points du territoire national, tout affluait sur Mayence, vaste organe régulateur, d'où les corps d'armée nouvellement constitués étaient au fur et à mesure poussés vers l'avant, sur Würtzbourg d'abord, puis sur l'Elbe. En arrière de Mayence et de la ligne du Rhin la zone des *divisions militaires* de la rive gauche (aujourd'hui ce seraient des régions de corps d'armée) avait été mise sous les ordres du maréchal Kellermann, ainsi chargé, comme le serait un *directeur de l'arrière* actuel (1), de coordonner sous son autorité supérieure les divers services du territoire entre Wesel et Strasbourg. Relié à Paris par un multiple système de liaisons (2), dirigeant en même temps l'ensemble du service des transports, soit par eau (sur le Rhin), soit par les diverses routes d'étapes, le vieux maréchal, malgré ses soixante-dix-huit ans, sut montrer, dans ses lourdes fonctions, la plus efficace activité.

Belfort, qui faisait partie de la 5e division militaire, celle de Strasbourg, constituait en fait ce qu'on appellerait aujourd'hui un *gîte principal d'étapes*. La place, en effet, à quinze jours de marche de Mayence, se trouvait sur la route directe qui reliait le midi de la France à la grande ville rhénane par Besançon et Neuf-Brisach, où elle aboutissait au fleuve. De ce point, les mouvements se continuaient sur Mayence, soit par voie de terre, soit (pour le matériel et, dans certains cas, pour le personnel) par voie d'eau.

---

(1) De même qu'en 1813, un *directeur de l'arrière* d'aujourd'hui serait placé sous l'autorité immédiate du général en chef, avec les attributions d'un commandant d'armée. (*Règlement du 25 mars 1908.*)

(2) Par la poste, par estafettes, par le télégraphe Chappe (dont Mayence était, en 1813, l'un des points terminus).

A une époque où toute gloire s'acquérait hors des frontières, l'histoire d'une petite garnison de France semble devoir tenir en peu de lignes. Pourtant, que de préoccupations nous révèle, dès le début de 1813, la correspondance d'un commandant d'armes comme celui de Belfort, anneau ignoré, mais nécessaire, de la chaîne qui, seule, reliera à la patrie les lointains combattants de Lützen et de Dresde! Assurer vers l'armée l'écoulement régulier du flot d'hommes, de chevaux, de matériel qui ruisselle incessamment par Belfort et que le moindre arrêt sur un point cristalliserait tout entier; organiser, malgré l'insuffisance des moyens, le recueil des malades et des blessés, soit par l'hôpital militaire local, soit par l'ambulance qu'on est forcé d'y adjoindre; mettre le gîte principal d'étapes à la hauteur de tous les besoins en vivres et en argent, quelque démuni qu'on soit; faire face aux réclamations des officiers qui passent, aux reproches des généraux qui commandent à Colmar et à Strasbourg : telle était la vie de Legrand à Belfort, telle était, au cours du premier Empire, celle de tant de chefs inconnus qui, dans l'intérieur des frontières, préparaient par un travail acharné et obscur la gloire de leurs lointains et brillants camarades.

Sur une ligne d'étapes comme celle de 1813, les questions d'ordre sanitaire tiennent naturellement la première place. Outre l'ambulance du dépôt du 63e, qu'on utilise aux besoins généraux, il existe à Belfort un hôpital militaire d'une contenance totale de cent cinquante places. Mais le long troupeau des blessés et des malades qu'a chassés de Mayence la « fièvre d'hôpital » s'allège, à chaque arrêt de son long parcours, d'une partie de son lamentable dépôt. Bien vite l'hôpital de Belfort est empli, sa contenance dépassée et, le 19 novembre, Legrand, qui veut donner à de tels soucis « le soin que l'humanité commande et inspire à toute âme sensible » (1), se voit débordé et ne sait plus comment remédier à l'encombrement. A cette date, il fait évacuer 60 malades sur Montbéliard, un même nombre le surlendemain. Chaque jour, d'ailleurs, ceux qui peuvent supporter le plus facilement le transport sont dirigés vers l'arrière et répartis sur le territoire de la 6e division militaire (2). Mais, chaque jour aussi, le chiffre des entrées nouvelles l'emporte sur celui des sorties : à la fin du mois, l'engorgement s'est encore accru; il devient « sans bornes et sans exemple » (3), et le 24 novembre, dans une lettre au général commandant le département, Legrand pousse un véritable cri de désespoir : « ... Je ne sais plus à quel saint me recommander. Les malades sont les uns sur les autres; aujourd'hui même, M. le préfet (4) en annonce 300, et plus de 300 qu'il y a, tant dans l'hôpital militaire que dans l'ambulance. Au milieu d'un embarras de cette nature, et dans les circonstances actuelles qui donnent un mouvement sans bornes, M. le commissaire des guerres vient de quitter la place pour aller à celle d'Huningue (5); l'économe, M. Polin, est sur les dents; son associé vient de mourir d'une fièvre d'hôpital (6); les commis aux entrées sont au lit : en un mot, les infirmiers tombent de fatigue et meurent... »

Voilà la situation des éléments qui sont en station : que

(1) *Lettre du 19 novembre 1813 au colonel commandant le dépôt du 63e régiment d'infanterie, à Belfort. (Registre de correspondance.)*

(2) Celle de Besançon.

(3) *Lettre au colonel commandant le dépôt du 63e. (Registre de correspondance.)*

(4) De Colmar.

(5) Où il était employé temporairement aux opérations de l'approvisionnement.

(6) La meurtrière « fièvre d'hôpital » avait pris naissance en 1813 dans les grands dépôts de l'Elbe. De là, elle avait reflué sur Mayence et s'était ensuite répandue tout le long des places du Rhin.

dire de ceux qui ne font que passer? Parmi les détachements qui montent vers l'armée, la désertion fait des ravages effrayants. Sans doute, les deux dépôts en garnison à Belfort : celui du 14e chasseurs à cheval et celui du 63e de ligne, envoient avec régularité et au complet sur Mayence soit leurs propres éléments de complément, soit les groupes de passage qu'on les a chargés d'encadrer. Avec satisfaction, Legrand rend compte, le 12 mai, « qu'un adjudant-major du 63e de ligne a conduit 480 hommes, conscrits de 1813, au 22e régiment de ligne à Hanau, sans éprouver aucune perte ». Il ajoute de même que, jusqu'alors, la garnison de Belfort n'a presque pas de déserteurs. Mais il en va autrement des troupes qui ne font que traverser la ville. Des éléments du 24e de ligne, du 16e régiment d'infanterie légère, qui ont stationné dans la place les 1er et 2 mai, y ont vu disparaître une partie de leurs effectifs. Un détachement du 37e de ligne a perdu, sur la route de Besançon à Belfort, 27 hommes sur 252. L'Empereur a bien prescrit, pour tenir en haleine ses conscrits au cours de leurs longues étapes et les accoutumer à la discipline et à la cohésion, que le temps des marches serait employé à l'instruction. Trois mouvements, ceux qu'il est le plus urgent de savoir, seront enseignés incessamment, jusqu'à devenir automatiques : la formation en carré, d'où l'on passera, soit au déploiement en ligne de bataille, soit au ploiement en colonne d'attaque. Mais tous ces procédés ne constituent que d'insuffisants remèdes à l'esprit de désertion, qui se propage de plus en plus. Car voici un dernier incident qui passe les autres en gravité. Un détachement illyrien (1), faisant étape le

(1) La conduite du régiment illyrien continua sans doute à donner peu de satisfaction à l'Empereur. Le 13 novembre 1813, celui-ci prescrit que le régiment illyrien sera supprimé, les fusils enlevés, et les hommes employés comme pionniers. (*Correspondance, vol. G., n° 1563.*)

16 avril à Roppe, près de Belfort, a perdu d'un seul coup 80 hommes. Devant pareil fait, le général commandant le département s'émeut, demande des explications. Legrand prescrit à la gendarmerie de s'enquérir s'il n'y a pas eu tentative de débauchage, prescrit aux maires de surveiller les cabarets où pourraient séjourner des étrangers suspects, ordonne de rechercher « les instigateurs et les malveillants... ». Naturellement on ne trouve rien. Legrand remarque à ce propos (et cette constatation a conservé tout son intérêt) que « l'infanterie qui est en marche perd beaucoup par la désertion, pendant que les troupes à cheval n'en éprouvent point (1). Peut-être que la fatigue et la faiblesse de la plupart de ces jeunes militaires et la pesanteur du sac et du fusil, comme peu habitués à la marche, y contribuent... Peut-être aussi la manière de la conduire... ».

En sens inverse refluent, vers l'intérieur de la France, les colonnes de prisonniers de guerre. C'est la gendarmerie locale qui doit les prendre en charge. Mais Legrand a remarqué qu'elle les laisse parfois indûment — surtout les prisonniers russes — faire séjour dans la place. Le commandant d'armes adresse de sévères observations au maréchal des logis chef Héring, qui est à la tête du détachement de Belfort, et, pour prévenir toute excuse tirée de l'insuffisance des effectifs, lui déclare qu'il met dès à présent à sa disposition, afin de conduire ses prisonniers tant sur Neuf-Brisach que sur Besançon (1), tous les suppléments d'escorte nécessaires.

Peut-être est-ce ici le lieu de parler d'une autre catégorie de prisonniers de guerre qui, ceux-là, ont élu domi-

(1) Sic.

(2) Qui, l'un et l'autre, à trois marches environ de Belfort, étaient, dans le fait, les deux *gîtes principaux d'étape* les plus voisins.

cile (forcément, il est vrai) dans la ville de Belfort et aux environs. Il s'agit des 8e et 9e bataillons de prisonniers espagnols, que le Gouvernement employait, dans la région méridionale de la place, aux travaux commencés du *canal Napoléon*, le canal actuel du Rhône au Rhin. Les bataillons, commandés chacun par un capitaine, étaient, durant l'été, mis au travail sur leurs chantiers de Bourgogne, de Bretagne, de Dannemarie, de Valdieu, sous la direction technique de l'entrepreneur, M. Liémort; à la mauvaise saison, ils rentraient en quartiers d'hiver à Belfort. La correspondance du commandant d'armes nous montre quels soucis supplémentaires lui apportait le retour périodique de cette turbulente population, ainsi exilée sous le brumeux climat d'Alsace, au plus loin de son ciel natal. Sans doute, dès leur rentrée à Belfort, les prisonniers étaient enfermés « en caserne » (1). Sans doute, les piquets de gendarmerie qui les avaient surveillés sur leurs chantiers les suivaient dans leurs quartiers d'hiver et en demeuraient responsables. Mais, quoi qu'on fît, il y avait des isolés qui échappaient à tout contrôle. Comment surveiller ceux qui travaillaient durant l'hiver aux carrières des villages voisins, à Offemont ou à Perouse? Fauteurs de toutes sortes de désordres et de rapines, contre ceux-là, Legrand se déclarait impuissant (2). Il y a Estevan Brava, qu'on soupçonne de vols et de brigandages aux environs d'Offemont; il y a le nommé Soleillas « convaincu d'être un turbulent et d'un mauvais exemple ». Il y en a bien d'autres. L'été revenu et les travaux du canal repris, les prisonniers cèdent à d'autres tentations dont les gardent mal leur demi-liberté et, sans doute aussi, leur dénuement. Dans toute la région sont éparses les

(1) Dans les casernes 88, 89 et 92.
(2) *Legrand à M. Liémort, entrepreneur des fortifications : 14 janvier 1813.*

blanchisseries des manufacturiers de Mulhouse : elles sont mises en coupe réglée. Rouleaux de « schalles », pièces de percale et d'indienne disparaissent à l'envi, et la maréchaussée se multiplie, parfois en vain, à la recherche des délinquants. Gomez Emmanuel, Bolito Antoine, Benedit Pedro, Camillo Joachim, Hernando Pablo, tous ces noms inusités emplissent de leur orthographe difficile les procès-verbaux des gendarmes alsaciens, de leurs consonances sonores les salles d'audience de la Commission militaire de Strasbourg. Mais combien échappent à toute recherche!

Pourtant, tous les prisonniers ne se montraient pas au même point irréductibles. Sur l'invitation du commandant de la division militaire, le 16 septembre 1812, un certain nombre d'entre eux se sont décidés à prendre du service en France. Nous voyons même qu'un de leurs chefs, « le signor Mata Joseph, médecin prisonnier de guerre espagnol », demande, en octobre 1813, à *signer le revers* (1). Certains enfin, au cours des longues années qui se sont écoulées, dans l'attente de celles plus longues qu'ils prévoient encore, finissent par abandonner tout espoir et se marient dans le pays...

C'était cependant sur ceux-là d'abord, sur les prisonniers de guerre internés en Alsace, qu'allait porter, en 1813, le premier contre-coup des événements d'Allemagne. Dès le 2 novembre, l'Empereur prescrivait d'éloigner sans délai des places frontières ceux qui y stationnaient. Legrand s'empressait (sans doute avec joie) de faire exécuter cet ordre par les 8e et 9e bataillons, qui furent sans tarder dirigés respectivement sur Vesoul et sur Gray.

(1) Ce qui indique qu'une telle formule ne date pas (ainsi qu'on le croit généralement) de nos désastres de 1870 et de la captivité de nos prisonniers en Allemagne.

Prisonniers espagnols, prisonniers russes, conscrits illyriens, recrues de France, toutes ces races d'Europe qui se croisaïent au grand carrefour de Belfort sous l'œil placide et accoutumé des bourgeois d'Alsace, finissaient par accroître à l'impossible la tâche du commandant d'armes. Ce sont des préoccupations administratives : des états d'indemnités, que le nouveau commissaire des guerres de Colmar lui retourne parce que la forme n'a pas été observée, les pièces n'ayant pas été établies, ainsi qu'il convient, à Strasbourg. Amèrement, Legrand répond que « voilà seize ans et plus qu'il les voit faire de la sorte et que S. E. le ministre de la guerre les a pourtant toujours fait solder... ». Ce sont des détachements de passage, auxquels les règlements de l'époque accordent le droit de se faire accompagner d'une voiture de transport à un collier (1), par vingt-cinq hommes faisant mouvement. Or, on leur a retiré à tort la voiture, sous prétexte qu'en route l'effectif a diminué. Ils réclament, et Legrand proteste avec eux auprès du commissaire des guerres. Mais de tels détails ne sont rien à côté de la poussée grandissante des passages, qui s'accroît sans cesse, au fur et à mesure que s'avance l'année 1813. Le 30 octobre, Legrand est avisé que 60.000 hommes (2) en marche vont provisoirement stationner sur le territoire de la 5e division militaire. En particulier, toutes les troupes de passage à Belfort y seront immobilisées et leurs chefs envoyés à Strasbourg où ils recevront des ordres du commandant de la division militaire. Devant cette imminente stagnation, Legrand se sent pris des plus vives inquiétudes, qu'un contre-ordre opportun

(1) Dispositions que consacrent aujourd'hui encore, exactement dans les mêmes termes, les dispositions administratives en vigueur. (*Règlement du 27 février 1894. Art. 7.*)

(2) *Lettre du 20 octobre au colonel Crétin, commandant le département à Colmar.*

apaise heureusement. Les derniers jours de novembre s'écoulent, le flot militaire va se gonflant toujours davantage, et tout déferle sur le commandant d'armes. Du 1er au 25, 840 officiers sont passés par Belfort; ceux qui viennent de Mayence, démunis de tout, s'arrêtent et réclament avec colère leurs appointements arriérés « en s'étayant que Strasbourg les a renvoyés à être payés à Belfort » (1). Legrand se désespère, car il n'a ni l'argent nécessaire, ni le droit d'ordonnancer les paiements. Il le rappelle à l'inspecteur aux revues, qui réside à Strasbourg. Et il termine sa lettre par ce tableau : « ... Cette circonstance me met dans le cas de vous observer que je suis accablé de travail, de même que le secrétaire de la place. Outre beaucoup d'autres besognes qui ne peuvent se remettre, le passage des troupes absorbe tous mes moments; depuis le 1er octobre dernier, voilà trois cent quarante corps, cadres ou détachements qui passent par cette place : il m'est arrivé d'être obligé de changer de bottes jusqu'à trois fois par jour, et la rue où je demeure (2) est encombrée de militaires... ».

On conçoit que, dans un tel débordement, les forces aient parfois manqué au vieil officier. Et qui sait si, en face de la menace suspendue de l'invasion qui peu à peu s'approchait, il n'envisagea pas comme un obscur et suprême espoir le jour où, assiégé, mais à l'abri dans sa place redevenue silencieuse, le seul bruit qu'il entendrait

---

(1) Déjà, en avril 1813, les officiers revenant de Russie, après avoir tout perdu, avaient pensé toucher à Mayence les indemnités qui leur revenaient. Mais le Trésor, à ce moment, n'avait plus ses caisses dans la place, maladroitement démunie au profit de Magdebourg, plus central, mais aussi plus exposé. Et il fallut que l'Empereur, de passage à Mayence, ordonnât de payer les arriérés sur sa cassette particulière.

(2) En 1814, le logement du commandant d'armes était situé, non loin de la porte de France, au premier étage du cercle militaire actuel.

serait celui du canon ennemi battant ses murailles et où, garanti des inspecteurs, des réclamations et des affaires, sans doute, enfin, pourrait-il être un peu tranquille?...

---

b) La Place de Belfort à la veille de l'invasion

C'est qu'en effet, avec le terme de l'année 1813, le danger sur nos frontières devenait peu à peu imminent. Après la bataille de Leipsick (16, 17, 18 octobre), la Grande Armée d'Allemagne avait été ramenée d'un seul flot, d'abord sur Hanau (31 octobre), puis sur Mayence (4 novembre). Malheureusement, il restait 170.000 hommes dans les places échelonnées entre le Rhin et la Vistule, places de première ligne (1), sur lesquelles les préparatifs et les efforts de l'autorité militaire s'étaient, au détriment des autres, presque exclusivement concentrés. Errements trop naturels, puisque l'Histoire les a vus se renouveler à toutes les époques, mais qui ne pouvaient qu'avoir, pour les places de notre ancienne frontière ainsi virtuellement mi-déclassées (2), les plus fâcheuses conséquences.

Cependant, en vue de s'assurer le temps qui lui était nécessaire pour réorganiser les éléments de défense, dispersés, mais existants sur le sol national, Napoléon, en repassant le Rhin, avait établi le long du fleuve un rapide dispositif de couverture. Trois maréchaux (3) : Mac-Do-

(1) Le « classement » actuel de nos places suivant leur proximité plus ou moins grande de la frontière, repose encore sur des données analogues.

(2) Le 23 novembre 1813, on avisait le colonel directeur des fortifications de Neuf-Brisach que l'Empereur mettait à sa disposition 95.000 francs pour la mise en état de défense des places de la direction de Neuf-Brisach, dont 15.000 seulement pour Belfort.

(3) En outre de Maison, qui était à Lille.

nald à Cologne, Marmont à Mayence, Victor à Strasbourg, en commandaient les trois secteurs (1). Kellermann, toujours chargé de la « zone de l'arrière », s'était reporté plus à l'ouest et exerçait maintenant son action sur les divisions militaires de deuxième ligne, celles de Nancy, de Metz et de Mézières.

Belfort entrait ainsi dans la zone des troupes actives et passait, de l'autorité supérieure de Kellermann, sous celle de Victor, chargé de la couverture entre Landau et la frontière suisse. Aux termes d'une lettre de Berthier, major-général, il demeurait en effet entendu que Victor, en vue de sa mission, devait réunir, au commandement des troupes, l'autorité territoriale sur les places et les garnisons existant dans l'étendue de son commandement. Mais les circonstances sont pressantes, on s'aperçoit enfin que, de loin, on ne saurait tout diriger et que, comme toujours, seul, le libre jeu des initiatives pourra en quelque mesure permettre de conjurer la crise imminente. Et, le 13 novembre, Berthier écrit de nouveau à Victor : « ...Au reste, Monsieur le Maréchal, il y a mille choses de détail qu'on ne peut prévoir et qui sont du ressort de celui qui commande. Sa Majesté connaît votre zèle et votre attachement à Sa personne, et Elle ne doute pas que vous ne preniez toutes les mesures qui pourraient intéresser le commandement qui vous est confié et la défense de la frontière ».

Malheureusement, les troupes de Victor n'existaient que sur le papier. Pour garder le cours du Rhin sur les deux cents kilomètres qui lui étaient attribués, le duc de Bellune n'avait, en novembre, que des effectifs dérisoires; en décembre, c'était à peine si les forces sous ses ordres : le

(1) Le 5 janvier 1814, Augereau était à son tour chargé d'organiser les premiers éléments d'une armée qui devait se concentrer à Lyon.

2e corps d'armée et le Ve corps de cavalerie, s'élevaient à un total de 8.000 fantassins et de 5.000 cavaliers. Il était évident qu'à l'heure où nos frontières s'ouvriraient sous la poussée de toutes les armées d'Europe, les places-frontières ne pourraient compter que sur elles.

A la vérité, les limites méridionales des départements d'Alsace s'étaient, depuis vingt ans, singulièrement étendues. Une partie du comté de Montbéliard, enlevé au Wurtemberg, jointe au bailliage de Porrentruy, ancienne propriété de l'évêché de Bâle, avait d'abord formé, au début de la période révolutionnaire, le département du Mont-Terrible. Mais, en 1800 (1), le département du Haut-Rhin s'était annexé d'un seul coup son voisin du sud, reportant ainsi ses lointaines limites jusqu'au lac de Bienne. A cette époque, Belfort était éloigné de soixante kilomètres de la frontière badoise, de soixante-dix de la frontière suisse, et semblait devoir être garanti contre toute surprise par la barrière du Rhin (qu'un seul passage franchissait dans tout le département (2), le pont de bateaux de Neuf-Brisach) ainsi que par l'ensemble des places de première ligne de Neuf-Brisach, d'Huningue et de Landskron (sud-ouest de Bâle).

D'ailleurs, à cette époque, l'aspect de Belfort différait singulièrement de celui qu'il offre actuellement. Aujourd'hui, l'observateur posté au sommet du Château n'entrevoit d'abord qu'un enchevêtrement d'avenues, de casernes et d'usines, parmi lesquelles il finit cependant par

(1) En exécution d'une loi du 17 février.

(2) Il existait en outre trois bacs. (*Annuaire du Haut-Rhin*, 1812.)

En 1814, au cours de la campagne, le général Zoller, commandant le siège d'Huningue, fit établir, à l'aide d'un personnel réquisitionné jusque dans les environs de Belfort, un pont de bateaux à Mærkt, en aval d'Huningue. Mais, après la campagne, le pont fut démoli et ses matériaux cédés à un marchand de Saint-Louis, nommé Moyse.

délimiter, au pied même de l'escarpement, un quartier plus resserré, que caractérisent ses pignons surhaussés, ses rues étroites, et, çà et là, un bastion isolé, reste des anciens remparts. C'est la vieille ville, la ville de Vauban, celle du premier Empire et même celle de 1870. Tassée au pied du Château qui, par sa masse et son étendue, constituait, à l'époque de 1813, la vraie place forte, la ville tenait tout entière dans une enceinte pentagonale qui s'appuyait sur un côté au Château et dont les quatre autres faces avaient chacune de 150 à 250 mètres de longueur. Avec son terre-plein de 18 pieds de large (1), et, au nord, le grand ouvrage détaché de l'Espérance (2), cette enceinte constituait la seule protection immédiate de Belfort. Les casernes encerclaient (3) à l'intérieur, sur presque tout son périmètre, la petite cité militaire (4), dont les rues ne s'élargissaient qu'en deux places, aux noms d'ailleurs caractéristiques : la *place d'Armes* et la *place du Manège*. Comme la rivière de Belfort, la Savoureuse, coulait à l'extérieur des remparts, un canal de dérivation, émissaire du grand étang voisin de la Forge, traversait l'enceinte aux deux fronts (5) symétriques dits : *de l'entrée des eaux* et *de la sortie des eaux*, alimentant deux moulins, l'un dans la place même, l'autre, le Moulin Neuf, en aval de celle-ci. Deux portes, protégées chacune par

(1) Dr CARLHAN : *Mémoire manuscrit.*

(2) L'ouvrage de l'Espérance avait été construit par Vauban pour battre le vallon compris entre la ville, la Miotte et la Justice.

(3) La contenaance normale des casernes et des écuries était de 1776 places d'hommes, 157 places d'officiers, 464 places de chevaux. Il y avait en outre trois corps de garde : un sur la place d'Armes pour 16 hommes (c'est le poste actuel de la police municipale), un sous chacune des demi-lunes qui couvraient les portes de France et de Brisach, un sous chacune des portes elles-mêmes. D'ailleurs, à la porte de Brisach, rien n'est changé aujourd'hui de ce dispositif.

(4) Belfort comptait à cette époque 4759 habitants. Par un phénomène sans doute unique en France, la population de Belfort a, en moins de cent ans, presque décuplé (39.338 habitants en 1911).

(5) Les deux autres fronts tiraient leur nom des deux portes de la ville : le *front de la porte de France*, le *front de la porte de Brisach.*

une *avancée*, donnaient accès dans la ville : la porte de France et la porte de Brisach (1), sous lesquelles passait la grand'route de Paris à Bâle (2). Enfin, sur le bord opposé de la rivière, se développaient en terrain libre les mai-

Le vieux Manège et les anciennes casernes du front nord.

sons du faubourg de France : auberges, boutiques, bâtiments de l'hôpital militaire (3), qui, peu à peu, pendant

(1) Le Château avait en outre une porte de secours, donnant sur la campagne.

(2) Il existait d'autre part, à l'extérieur et le long des remparts, un chemin de dérivation qui permettait aux voitures de contourner la ville quand, la nuit venue, les portes étaient closes.

(3) Ancien couvent de capucins avant la Révolution. Il occupe toujours le même emplacement.

un long siècle de paix, avaient débordé les étroites limites des murs de la ville et reflué jusqu'au dehors.

D'ailleurs, à Belfort, nous l'avons dit, la vraie place forte, c'était le Château, le *fort*. Dominant la ville à pic de 50 à 60 mètres, protégé vers la campagne par un ouvrage à couronne qui l'enveloppait de ce côté (1), relié à l'enceinte par la tour des Bourgeois, il renfermait dans sa vaste superficie tous les éléments nécessaires à la vie propre d'une place isolée : deux grands fours de boulangers, un moulin à poudre, un puits immense, datant du moyen âge, taillé dans le roc et profond de 225 pieds. Le *grand souterrain* et son entresol pouvaient à eux seuls abriter 1.500 hommes (2), un autre souterrain à l'épreuve s'étendait sous la tour des Bourgeois. Enfin, c'était au Château, position la plus dominante et la mieux protégée, qu'on avait concentré presque tout l'armement d'artillerie de la place (78 pièces).

Cette valeur militaire essentielle, presque exclusive, qu'attribuaient dans leur esprit au Château de Belfort les défenseurs de 1814 ressortira d'ailleurs nettement de l'exposé même des faits de ce récit. Ajoutons pourtant que la position de la ville, et même celle du Château, offraient un grave inconvénient. L'une et l'autre étaient dominées par le demi-cercle des hauteurs qui, sur la rive gauche de la Savoureuse, entourent Belfort à un millier de mètres de distance : les collines des Perches, celle de la Justice, celle de la Miotte. Au début des campagnes républicaines

---

(1) En 1814, la partie essentielle du Château était le *donjon*, sorte de « cavalier » qui constituait, au point culminant, un excellent emplacement d'artillerie et que bordaient, le long de l'escarpement surplombant Belfort, les bâtiments de la chapelle. Toutes ces constructions (remplacées en 1825 par la caserne actuelle et sa plate-forme) étaient entourées du côté de la campagne par un simple ouvrage à couronne avec fossés taillés dans le roc, qui tenait lieu de la triple enceinte d'aujourd'hui.

(2) « Mémoire sur l'état de situation de Belfort » (*Archives locales du génie*, 1814).

de 1792, quelques ouvrages y avaient été ébauchés dans le moment où des menaces d'invasion se manifestaient vers la haute Alsace. Mais, l'alerte passée, les travaux avaient été interrompus, et ce qui restait de leur tracé n'allait pouvoir, en 1814, que servir à l'ennemi pour ses premières batteries de bombardement. Au reste, la rapidité des événements, comme l'insuffisance des effectifs, n'auraient permis à la défense de rien tenter d'utile pour leur occupation.

C'est seulement à la fin d'octobre 1813, après Leipsick, qu'on commence, à Belfort, d'entrevoir dans leur réalité des éventualités jusqu'alors prises comme invraisemblables. A cette époque, la direction d'artillerie de Neuf-Brisach (dont dépend la place de Belfort) mande à son garde de commencer à armer la ville et le Château. Mais, depuis Louis XIV, depuis que Vauban a reconstruit ses murailles, Belfort n'a plus vu l'ennemi (1). Et l'on s'aperçoit seulement qu'aujourd'hui tout est dans le plus complet délabrement. « ... Les communications (2) du Château, même celle de la porte de secours, sont dans le plus mauvais état, de manière qu'aucun affût n'y puisse passer, bien moins les voitures... Le pont-levis de la porte de Brisach (*du côté de l'ennemi*) est dans le plus mauvais état et ne peut plus être manœuvré, celui de l'avancée (3) se trouve sans bascule et par conséquent hors de service...; enfin, la garnison n'offre aucune ressource pour fournir les corvées d'Arsenal, puisque à peine le service de la place est assuré... ». Pourtant, Legrand se met au travail avec ardeur en portant, dans l'ordre d'urgence, d'abord ses efforts sur l'armement du Château. Le 3 no-

(1) Le dernier siège datait de 1674.
(2) *Lettre de Legrand au général commandant la division militaire.*
(3) L'avancée de la porte de Brisach.

vembre, il prescrit d'y employer les gardes nationaux de la cohorte urbaine nouvellement créée, cette opération « ne devant souffrir aucun retard ni observation de qui que ce soit ». Le 16 décembre, enfin, l'armement est au complet. Mais ce même Château « qui, par sa position, est le point militaire le plus essentiel à maintenir (1) », manque de locaux utilisables pour les malades. Or, quand la défense devra y chercher son refuge, c'est que l'hôpital militaire, situé hors des murs, aura déjà, et depuis longtemps, été abandonné. Il faut donc prévoir au Château une organisation préalable, et Legrand s'en occupe activement au milieu de tant d'autres soucis, dont celui des approvisionnements est, naturellement, au premier plan.

Le 15 novembre, sur un ordre du duc de Bellune, « commandant la droite de la ligne du Rhin », relatif à la mise en état de défense et à l'approvisionnement des places de la 5e division (2), Legrand fait un premier appel au concours du maire Quellain pour hâter la concentration des vivres. C'est en effet le maire qui, suppléant légal du commissaire des guerres, a dû remplacer ce dernier, parti à Huningue où on l'emploie aux préparatifs d'un réapprovisionnement jugé plus urgent que celui de Belfort. Mais, entre des mains inexpertes, il semble bien que le service du ravitaillement ait bientôt laissé à désirer, car, le 16 décembre, au témoignage de Legrand (3), « aucun objet en subsistances n'a encore été versé dans la Place ». Entre temps, on a prescrit à la population civile de s'approvisionner pour deux mois. Le 20 enfin,

---

(1) *Lettre de Legrand du 16 décembre 1813.*

(2) L'ordre était du 10 novembre. Il fixait en particulier l'approvisionnement de Belfort à 60 jours et chargeait le préfet du Haut-Rhin d'y pourvoir. Mais celui-ci s'était d'abord préoccupé de munir les places d'Huningue et de Neuf-Brisach, drainant à leur profit les vivres réunis dans l'arrondissement même de Belfort.

(3) *Lettre au général commandant la division militaire.*

apprenant que l'ennemi a passé le Rhin, Legrand se résout à agir par lui-même; il envoie dans les communes environnantes deux détachements de 50 hommes pour saisir, contre reçus, bétail, grains et farines. « Mais, dit un témoin oculaire (1), les chariots, partis vides dans les villages, revinrent à peu près comme ils étaient partis. » Legrand se tourne de nouveau vers le sous-préfet. Il lui déclare qu'il n'y a plus un moment à perdre si l'on veut que la concentration des vivres s'opère encore en temps utile; lui-même d'ailleurs borne, maintenant, sa demande d'extrême urgence à un mois d'approvisionnements pour la garnison (2) : en même temps, il fait appel, dans les termes les plus vifs, au zèle et au dévouement du fonctionnaire impérial. Le 23 enfin, Legrand cherche à obtenir du maire, par entente directe avec celui-ci, du moins l'expulsion immédiate des bouches inutiles. Dispositions tardives, fiévreuses, inexécutables. Car, le 24, l'ennemi est aux portes, et il n'est plus temps de délibérer.

Au moment de l'invasion, la garnison normale de Belfort ne se composait que de deux dépôts, ceux du 63e régiment d'infanterie et du 14e régiment de chasseurs à cheval, commandés normalement par leurs majors respectifs. Le major du 63e, cependant, était passé, depuis le milieu de 1813, sous les ordres du colonel Kail, chef du régiment, qui était rentré au dépôt à la suite des batailles de Bautzen et de Kulm pour s'y guérir de ses blessures.

Pendant toute l'année 1813, les chefs des dépôts ont fourni avec exactitude, à leurs régiments actifs, les éléments de renforcement : malades sortis des hôpitaux,

(1) « Journal d'un bourgeois » (*Revue d'Alsace*, 1885).

(2) Sur les bases suivantes: *viande, 51.000 kilogrammes; pain, 153.000 kilogrammes; vin, 51.000 litres; eau-de-vie, 6.400 litres; vinaigre, 6.400 litres; sel, 1.600 kilogrammes; riz, 6.400 kilogrammes.*

recrues sommairement instruites, que la dure campagne d'Allemagne rendait nécessaires. Le dernier renfort envoyé aux bataillons actifs du 63ᵉ, qui sont à Mayence, s'est élevé à 500 hommes (1). Et, au moment de l'investissement, l'effectif présent à Belfort ne se monte plus, tout compris, qu'à 1.370 hommes (2). Quant au dépôt du 14ᵉ chasseurs, commandé par le major Delorme, il ne compte que 289 hommes et seulement une cinquantaine de chevaux.

Pourvus d'un commandement et d'une administration réguliers, logés normalement dans les casernes, les deux dépôts constituèrent, malgré l'inexpérience des jeunes soldats qui les composaient pour la plupart, la fraction la plus solide de la garnison. Il était arrivé cependant à celle-ci un complément inattendu sous la forme de détachements de passage : Piémontais venus de Chambéry, Comtois recrutés à Besançon, qui, en marche pour rejoindre le 4ᵉ corps à Mayence, s'étaient trouvés stationner à Belfort la veille de l'investissement. Ils y furent heureusement retenus, et apportèrent à la défense l'appoint d'un

---

(1) Conformément à la note suivante de Berthier, major général, à Marmont, qui avait, à Mayence, le 4ᵉ Corps sous ses ordres :

« Paris, 5 décembre 1813.

« Monsieur le duc de Raguse, les dépôts des régiments ci-après désignés ont reçu l'ordre du ministre de la Guerre de fournir chacun deux compagnies du 5ᵉ bataillon (*dépôt*), fortes ensemble de 500 hommes, pour aller renforcer leur régiment de guerre à l'armée, savoir :

« *Bataillon de marche de la 5ᵉ division militaire :*

« ....

« *63ᵉ régiment de ligne :* 500 hommes, pour les bataillons de guerre de ce « régiment au 4ᵉ Corps, venant de Belfort et se dirigeant sur Mayence.

« .... »

Remarquons, en passant, qu'aux termes des indications qui précèdent, à l'époque, le départ, entre les attributions du ministre et celles du chef d'état-major général était aussi nettement fixé qu'aujourd'hui : les dépôts, dans la *zone du territoire*, étant du ressort du ministre, les troupes de campagne, dans la *zone des opérations*, relevant du major général.

(2) UGONIN. En 1813 les dépôts des régiments d'infanterie étaient constitués par les cinquièmes bataillons.

effectif qui se montait au total à 12 officiers et 1.338 hommes (1). Mais ces éléments isolés, qu'on aurait pu utilement réunir dans la main d'un même chef (2), restèrent

Les anciennes casernes du front nord.

malheureusement livrés à leurs ressources individuelles.

(1) En voici le détail (d'après le *Journal du siège*) : 2e de ligne, 210 hommes; 5e de ligne, 181 hommes; 11e de ligne, 3 officiers, 194 hommes; 37e de ligne, 2 officiers, 111 hommes; 79e de ligne, 2 officiers, 185 hommes; 81e de ligne, 2 officiers, 128 hommes; 93e de ligne, 3 officiers, 119 hommes; 153e de ligne, 210 hommes.

(2) Deux bataillons dits « de marche » furent, il est vrai, formés avec toutes ces fractions dès le milieu du siège : le *bataillon de marche de Besançon*, le *bataillon de marche de Chambéry-Grenoble*, ainsi désignés suivant le lieu d'origine des dépôts. Mais ces formations dépourvues de tout encadrement qui leur fût propre, ne pouvaient avoir qu'une existence conventionnelle et leur emploi demeurait incertain.

On les logea chez l'habitant (1), espérant ainsi, grâce à l'aide volontaire obtenue de ces derniers, assurer la simplification du problème administratif. Nous verrons, au cours de ces récits, à quel point de tels espoirs furent déçus.

En vue de remédier à l'insuffisance des garnisons de ses places d'Alsace, l'Empereur avait prescrit, en novembre, d'y constituer d'urgence des cohortes de gardes nationales urbaines. Depuis 1812, en effet, c'était sous cette forme des « cohortes » qu'on avait recours aux éléments de garde nationale appelés à l'activité. A Belfort, l'organisation prenait théoriquement forme le 3 novembre 1813. La cohorte urbaine devait se composer de 500 hommes, répartis en trois compagnies : deux d'infanterie, une d'artillerie, et pris parmi les citoyens de la ville comptant de 20 à 60 ans. Mais, le 16 décembre, Legrand constate que les résultats obtenus sont encore médiocres, « ... ces hommes étant en partie indisponibles, tant par l'âge que par maladie, aucun officier n'étant habillé... ». Quoique la nouvelle formation eût été mise sous les ordres de l'un des adjudants de la garnison, le capitaine Florance, quoique les efforts les plus persévérants eussent été faits, surtout vers la fin du siège, pour en tirer utilement parti, la cohorte urbaine de Belfort ne put, en 1813-1814, ni coopérer à la défense de la Place, ni même être une seule fois rassemblée.

Quant au personnel de l'artillerie, il n'était représenté que par un seul officier, le commandant de Lalombardière, chef du service local sous les ordres du directeur, résidant à Neuf-Brisach. Au moment de l'investissement, un détachement de passage, composé de 2 officiers et de

(1) Il n'était tenu, légalement, qu'à leur fournir « le coucher et le bois ».

52 hommes du train d'artillerie, fut arrêté à Belfort dans les mêmes conditions que les troupes d'infanterie dont nous avons parlé plus haut. Mais, instruits uniquement de leur rôle de conducteurs, les hommes du train d'artillerie allaient être, tout d'abord, d'une faible ressource. Quelques gendarmes (dont un ancien canonnier, le seul pointeur au début du siège), des chasseurs du 14e, un certain nombre de volontaires de la ville (parmi lesquels Jean-Pierre Clerc, ancien sergent d'artillerie, le professeur de mathématiques Tové) complétèrent le personnel de cette organisation improvisée, personnel disparate d'origine et d'instruction, mais qu'un commun zèle animait et qui ne tarda pas à faire, derrière les pièces du Château, très honorablement figure.

De même que le service de l'artillerie, le service du génie, à Belfort, ressortissait d'une direction établie à Neuf-Brisach. Son chef, le capitaine Emon, n'avait sous ses ordres, en tout et pour tout, qu'un garde du génie. Aucune troupe.

Les attributions administratives, en l'absence du commissaire des guerres, revenaient au suppléant légal de ce dernier, au maire de Belfort. Mais, dès le 30 décembre, dès le blocus commencé, le maire Quellain se déchargeait de ses fonctions sur son adjoint Grosjean, dont le bureau fut établi à l'hôtel de ville. Peu après elles étaient assumées par le sous-préfet Mengaud. En réalité, l'autorité militaire avait conservé la haute main sur le plus important des services administratifs, sur celui des vivres, en le confiant à une commission composée des quartiers-maîtres Bonnier et Grasset, de chacun des deux dépôts de la garnison. Au reste, la direction exclusive de ce service ne tarda pas à être attribuée à Bonnier seul.

Formé par la réunion des principaux chefs dont nous venons de citer les noms, le *conseil de défense* était (presque dans les mêmes conditions qu'il le serait aujourd'hui) ainsi constitué :

Président : le commandant d'armes, chef de bataillon Legrand.

Membres : l'officier commandant l'artillerie, commandant Lalombardière; *l'officier commandant le génie,* capitaine Emon; *les deux chefs de corps les plus anciens :* colonel Kail, commandant le 63e de ligne; major Delorme, commandant le dépôt du 14e chasseurs; *le commissaire des guerres* (1) : M. Quellain, maire suppléant légal, puis le sous-préfet Mengaud (2).

Nous ne dirons rien du major Delorme, homme froid et tranquille, qui se confina dans le commandement de ses cavaliers, ni du capitaine Emon, qui, en un temps où l'avancement, cependant, était généralement plus rapide, ne devait passer au grade supérieur qu'en 1828 (3), malgré tant de services rendus au cours du siège. Quant au rôle joué par le maire Quellain, homme ardent mais peu mesuré, par le sous-préfet Mengaud, ancien général de division de la République, blessé à Hondschoote, il s'indiquera suffisamment au cours de ces récits. Arrêtons-nous seulement sur l'action des trois hommes que les

---

(1) On sait que les attributions de nos intendants militaires actuels étaient réparties, à l'époque du Premier Empire, entre les commissaires des guerres et les inspecteurs aux revues.

Pour ce qui concernait les vivres, les commissaires des guerres avaient en principe sous leurs ordres, dans chaque place, un ou plusieurs *garde-magasins;* ceux-ci disposaient d'aides en nombre variable, chargés de diriger l'exécution du travail (abat du bétail, fabrication du pain, etc.).

(2) La liste du personnel qui assistait aux séances du Conseil de défense doit se compléter par le nom d'un employé civil, « M. Ledain, secrétaire-archiviste tenant la plume ». (*Journal du siège.*)

(3) Après vingt-sept ans de grade (il était capitaine du 22 décembre 1801).

circonstances allaient amener au premier plan et qui portèrent aussitôt le poids de toutes les responsabilités : Legrand, Kail et Lalombardière.

Le chef de bataillon Legrand, âgé en 1813 de 54 ans, exerçait à Belfort, depuis le 14 avril 1799, les fonctions de commandant d'armes. Demi-retraite, qu'il devait aux fatigues et aux blessures de ses campagnes, mais qui avait laissé vivant, chez le vieux soldat nourri dans les plus solides traditions militaires, le sens profond du devoir professionnel et de toutes ses obligations. D'ailleurs, c'était déjà sur ces mêmes frontières d'Alsace que Legrand avait passé, pendant la période des campagnes républicaines, presque toute sa vie active. Né en Picardie, dans le village de Punchy (1), engagé à 17 ans au régiment de Turenne, il y était encore, douze années plus tard, à l'aube de la Révolution, en qualité d'adjudant sous-officier. Le régiment de Turenne devenu le 37e de ligne, Legrand y passait lieutenant en 1792 et était blessé à l'affaire de Kostheim (6 janvier 1793). Promu capitaine le 26 du même mois, il se vit, comme tel, attribuer le commandement du 1er bataillon. Mais le régiment, enfermé dans Fort-Vauban (2) assiégé par les Autrichiens, fut pris tout entier le 16 novembre 1793 et Legrand envoyé en captivité dans la forteresse de Brood (Esclavonie) jusqu'en septembre 1795.

Les bataillons du 37e, à leur retour en France, furent réunis aux unités composées de volontaires et subirent coup sur coup deux amalgames successifs, le 1er bataillon concourant d'abord, pour sa part, à la formation de la 73e demi-brigade, puis servant à constituer la 74e (3).

(1) Département de la Somme, arrondissement de Montdidier.
(2) L'ancienne citadelle de Fort-Louis, sur le Rhin.
(3) Celle-ci formée par des éléments des 73e et 185e demi-brigades.

Des démarches de Legrand pour obtenir le grade de chef de bataillon furent appuyées à cette date par son divisionnaire, le général Mengaud, le même qu'il devait retrouver plus tard comme sous-préfet de Belfort. D'ailleurs, ces démarches échouèrent, la santé de Legrand lui rendant difficile, dès cette époque, l'exercice d'un commandement actif. Il ne fut pas plus heureux dans une demande faite en vue de passer dans le service des places, et nous retrouvons Legrand, l'année suivante, toujours sur le Rhin, participant avec son régiment à la sortie de Kehl (18 septembre 1796), où il reprenait, à la tête de la compagnie auxiliaire, deux redoutes aux Autrichiens, puis concourant à la défense de la tête de pont d'Huningue (novembre 1796-janvier 1797). Entre temps, on l'avait chargé des fonctions de capitaine d'armement, attributions modestes mais d'importance capitale à une époque et dans des corps où toute l'administration était à créer (1). Enfin, le 3 février 1797, il était nommé adjudant de garnison à Belfort. C'était la première fois qu'il quittait (pour un emploi auquel il allait d'ailleurs tout aussi fidèlement s'attacher) le régiment où, vingt-deux années en deçà, il avait fait ses débuts.

Le 14 avril 1799, Legrand, toujours capitaine, était désigné pour exercer le commandement de la Place, « en remplacement du citoyen Vernerey, réformé ». Peu après, on lui confiait la direction d'un vaste dépôt rassemblé à Belfort et composé de 12.000 conscrits des départements

(1) Voici un passage caractéristique d'une lettre qu'écrivait à Legrand son chef de corps, au moment de sa nomination à Belfort : « ...Je vois avec peine ce mouvement; un officier tel que vous deviez être placé à la tête d'un corps, connaissant toutes les parties des détails et la fermeté qui est si rare aujourd'hui chez les chefs.... Certainement, sans votre intelligence et l'activité que vous avez mises à toutes les missions dont vous avez été chargé, la demi-brigade ne serait pas armée, équipée et habillée comme elle l'est.... »

des Vosges, de la Meurthe, du Haut-Rhin et du Bas-Rhin. Pourtant, voici qu'à la suite d'une réorganisation administrative on change la catégorie où figurait jusqu'ici la place de Belfort, celle-ci étant élevée à la 4e classe. Or, comme telle, elle ne peut plus être commandée que par un officier du grade de chef de bataillon. Legrand, qui est « sans protection », ainsi qu'il le constate tristement, va-t-il donc être éliminé? Il se met en mouvement, obtient l'appui de Dessoles, chef d'état-major de l'armée du Rhin, celui, plus précieux, de Regnauld de Saint-Jean-d'Angély, conseiller d'Etat au ministère de la guerre, qui, dans l'apostille dont il annote une de ses suppliques, le qualifie de « ... brave homme qu'il a autrefois connu ». Et, le 2 janvier 1801, Legrand est enfin nommé chef de bataillon, aux appointements de 3.100 francs, sur lesquels il lui faudra élever deux fils et une fille, soutenir de vieux parents octogénaires qui ont perdu à l'armée leurs deux autres enfants, recevoir honorablement les officiers des détachements de passage... Pourtant, le voilà au but!

En 1806, sur le bruit d'un déplacement possible du commandant d'armes de Belfort, la municipalité s'agite, pétitionne, demande à conserver Legrand, avec lequel elle vit « en parfaite harmonie » (1). Néanmoins, la vie devient de plus en plus difficile pour les officiers qui, dans l'intérieur des frontières, n'ont à compter ni sur les riches dotations, ni sur les avantages multiples dont jouissent leurs heureux camarades qui font campagne... En septembre 1807, un détachement de soldats espagnols fait station à Belfort. Rien, sans doute, ne fait prévoir que, si peu de temps après, le pays d'Alsace ne reverra plus leurs compatriotes que comme prisonniers de guerre internés...

(1) V. pièces annexes.

Aussi Legrand fait fête (1) aux officiers, qui sont « de braves et fidèles alliés et amis ». Mais il ne laisse pas de trouver ses ressources bien modestes, et soupire de temps à autre pour le grade de « colonel honoraire » (2) ou pour le commandement d'une place de 3e classe... Au fond, il ne se fait plus d'illusion (3) : il vient de marier sa fille à Mulhouse, et, sagement, loin des rêves irréalisables, « ... sans espoir d'avancement, dit-il de lui-même, quoique j'en aurais bien besoin...», il ne demande qu'à finir ses jours soit à Belfort, soit, à la rigueur, à Huningue ou à Brisach...

Humble agent en sous-ordre dans le vaste organisme impérial, il ne semblait pas, en effet, à une époque où depuis de longues années les guerres étaient rejetées si loin des frontières, que le modeste commandant d'armes de Belfort dût jamais faire figure de ces chefs dont le lustre s'éclairait chaque jour, dans l'orbite du Maître, des reflets d'une nouvelle victoire. Lui-même avait définitivement accepté le rôle effacé devenu le sien. « Si je ne puis plus rendre de services à Sa Majesté dans ses camps, écrivait-il le 9 décembre 1812, je la sers cependant fidèlement dans les postes qu'elle a daigné me confier... » Aussi, quand, un an plus tard, les événements revêtiront sur la frontière du Rhin, un caractère d'imminente et

(1) «... Quoique peu élevé en grade et avec un petit traitement, j'ai fait ce qu'il m'a été possible à cette occasion. J'ai eu itérativement à dîner chez moi MM. les officiers supérieurs avec deux officiers subalternes, où étaient réunis le chef de chaque autorité civile et quelques officiers de la garnison : voilà tout ce que j'ai pu faire pour des braves et fidèles alliés et amis... » (Legrand au ministre de la Guerre, 2 septembre 1807.)

(2) A ce sujet le chef direct de Legrand, le général Puthod, commandant le département du Haut-Rhin, l'appuie avec chaleur auprès de « *Son Altesse le Prince Alexandre* (il s'agit ici de Berthier, ministre de la guerre) *pour le zèle et l'activité qu'il a toujours mis à s'acquitter de ses devoirs* ».

(3) Le ministre, d'ailleurs, lui a fait connaître par une lettre du 21 juillet 1806 « que les officiers d'états-majors des places ne sont susceptibles d'avancement que dans le cas où la place qu'ils commandent est en état de siège et lorsqu'ils se distinguent sur la brèche ».

toute nouvelle gravité, l'esprit un peu méticuleux du vieil officier va s'émouvoir d'abord devant des responsabilités qu'il n'avait pas imaginées. Après avoir exposé la situation déplorable de la Place au général commandant la division militaire, il lui disait : « ... En attendant, mon général, je fais bien servir, j'emploie mes faibles ressources à ce sujet; mais malgré ma bonne volonté et mon zèle, ainsi que les soins de MM. les officiers, je ne pourrai, dans des circonstances si critiques, suppléer à tant de vides... ». Legrand se trompait : c'étaient les circonstances elles-mêmes qui allaient trouver, dans ses profondes qualités d'honneur et de conscience, l'appui par où elles le hausseraient (1) aux plus fortes et aux plus glorieuses résolutions.

D'ailleurs, à côté de Legrand, se manifesta une influence dont la vigueur réagit, dès les premiers jours, de la façon la plus efficace sur les conseils du commandant d'armes. Ce fut celle du colonel Kail (2), le chef du 63e. Blessé à la jambe droite le jour de Bautzen, à la cuisse le jour de Kulm, Kail avait dû rentrer au dépôt de son régiment pour y attendre sa guérison. Malgré son grade supérieur, la direction de la défense (d'après des règlements formels) ne pouvait appartenir qu'au seul commandant d'armes, fût-il simple chef de bataillon. Legrand, néanmoins, décida de déléguer au colonel une partie de ses pouvoirs, lui conférant notamment, avec le commandement direct sur les troupes de la garnison, le soin des rapports et des négociations avec l'ennemi. Quoiqu'il marchât aux béquilles et ne pût se déplacer qu'en voiture, Kail donna,

(1) Exemple en soi réconfortant pour plus d'un officier de notre armée contemporaine qui, faute de l'expérience acquise de la guerre, serait parfois porté à s'exagérer d'avance l'incertitude et le poids de ses futures responsabilités.

(2) Né à Fontoy (Moselle) en 1772, mort à Belfort en 1828.

dès les premiers jours du siège, l'essor à une activité qui ne devait plus se ralentir et qui tira surtout ses plus efficaces résultats de son parfait et constant accord avec les vues du commandant d'armes.

Le chef de bataillon de Lalombardière qui, à la tête de l'artillerie de la Place, exerçait en outre le commandement spécial du Château, était, au conseil de défense, l'un des plus vifs partisans de la résistance à outrance. Il y préconisait les moyens les plus énergiques, même dirigés contre les bourgeois. Ceux-ci, sommés par Legrand, vers la fin du blocus, de payer leurs contributions arriérées, avaient fait des difficultés. « Qu'ils songent, avait déclaré à ce propos Lalombardière, que leurs maisons et leurs familles sont au bout de nos canons!... » Si limitée que, de ce fait, fût devenue sa popularité parmi la population civile, Lalombardière, homme fougueux mais organisateur avisé, joua, dans un siège qui ne fut si souvent qu'un long duel d'artillerie, un rôle essentiel par l'importance même qu'y prit un personnel tiré par lui, nous l'avons vu, pour ainsi dire du néant.

c) L'invasion

Au mois de décembre 1813, les événements avaient pris, sur le Rhin, une tournure décisive. Dès la mi-novembre, le grand-duc Charles de Bade, renonçant à l'alliance française, faisait cause commune avec les coalisés. L'Empereur, de son côté, par un décret (1) du 7 dé-

(1) «...Art. 1er : Toute communication de l'une à l'autre rive du Rhin sera fermée depuis Huningue jusqu'à Willemstadt. On ne laissera ni entrer sur le territoire, ni sortir aucune personne, aucune poste, aucun courrier... »

cembre, allait prescrire la fermeture d'une frontière que le Rhin, ainsi que vingt années en deçà, constituait maintenant de nouveau. Enfin, du 1er au 20 décembre, les forces coalisées, achevant leurs préparatifs, se disposaient à franchir le fleuve en deux grandes masses : l'armée prussienne, dite de Silésie, sous Blücher, entre Coblentz et Mayence; la Grande Armée, dite de Bohême (Autrichiens, Bavarois, Russes), sous Schwartzenberg, par la Suisse.

Par ce dernier mouvement, les forces de couverture françaises, dont la droite ne dépassait pas Huningue, se trouvaient forcément débordées (1). D'autre part, au sentiment de Schwartzenberg, la traversée sans combat de la Suisse (dont on s'était concilié le bon vouloir), puis l'entrée en France par la région jurassienne dépourvue de fortifications, allaient offrir des avantages décisifs pour la marche ultérieure et concentrique des deux armées vers le plateau de Langres. Le péril d'une telle combinaison, débutant par la séparation initiale des coalisés, avait complètement échappé au généralissime. Renouvelée pourtant après la courte réunion des alliés sous Langres, elle contenait déjà en germe le point de départ même qui allait permettre à Napoléon toutes les audaces de ses inoubliables manœuvres de la campagne de France.

Nous ne suivrons pas la marche des divers corps de la Grande Armée de Bohême qui, pivotant sur leur droite

(1) Dès le 16 décembre, huit jours avant l'entrée en Suisse des coalisés, Legrand, à Belfort, concevait déjà des inquiétudes de ce côté et faisait part de ses hypothèses, en toute modestie, au général commandant la 5e division militaire : « *Sans pouvoir donner aucun degré de confiance aux bruits qu'on se plaît à répandre, j'ai l'honneur d'observer à M. le général Desbureaux que, dans le cas que l'ennemi viole la neutralité suisse, il lui serait facile de pénétrer en France par les gorges du Porrentruy, qui ne sont point gardées. Comme je suis à douze lieues du Rhin, il m'est difficile de connaître et prévoir ses intentions; malgré tout, mon général, j'ai cru devoir vous faire cette observation...* ».

établie dans la haute Alsace, allaient, en six colonnes, tracer à travers la Suisse, de Bâle à Genève, leurs cercles concentriques. Nous ne nous arrêterons qu'aux seuls détachements d'aile qui devaient prendre, avec la place de Belfort, des contacts plus ou moins directs.

Ce fut d'abord la colonne de droite (division Crenneville, du IIIe corps autrichien, division (1) de grenadiers Bianchi) qui, contournant largement Belfort par le sud, avait comme itinéraire : Bâle (20 décembre), Soleure, Bienne, Porrentruy, Montbéliard, Vesoul.

Le corps de Wrède (V[e] corps, à 5 divisions) franchissait derrière elle le fleuve à Bâle (2) le 22, mais appuyait aussitôt à droite. Puis, laissant une brigade en position devant Huningue, de Wrède se portait avec son gros à Hésingue, gardé, à gauche sur Porrentruy par la division de la Mothe, à droite vers Colmar par le corps de cavalerie du colonel Scheibler. En avant, enfin, il envoyait sur Belfort sa première division tout entière, la division Rechberg.

Outre les places de Huningue et de Belfort, de Wrède n'avait trouvé devant lui, en haute Alsace, que les petits forts de Landskron et de Blamont (3), dont les détachements fournis par la division de la Mothe s'emparèrent presque sans coup férir (26 décembre). Quant à la cavalerie de Scheibler, envoyée vers le nord, elle subissait le même jour à Sainte-Croix, avec les cavaliers de Victor

---

(1) La division Bianchi n'était affectée organiquement à aucun corps d'armée et faisait partie des *Réserves autrichiennes*.

(2) Il avait l'ordre d'investir Huningue et Belfort et de faire de la première place le « pivot des opérations ». (*Die Festung in den Kriegen Napoleons und der Neuzeit*, Berlin, 1905.)

(3) Landskron, dans l'extrême sud du Sündgau, avait comme garnison un détachement du 63e régiment d'infanterie, fourni par la place de Belfort (50 hommes commandés par le capitaine Ligoure). Le fort se rendit après quatre jours de bombardement. Blamont, démuni de toute garnison, fut occupé sans combat par l'ennemi et, dans la suite, démantelé.

(division Milhaud), un contact qui faillit lui être funeste et dont nous verrons la répercussion atteindre, jusque devant Belfort, la division Rechberg qui venait à peine d'y prendre position.

Rechberg fut le premier des généraux alliés qui, en 1813 et 1814, allaient se remplacer devant la place de Belfort, et dont la succession justifiera les divisions données à cette étude. La division Rechberg devait arriver devant la Place le 24 décembre.

CHAPITRE II

La première période du Siège

DU 24 DÉCEMBRE 1813 AU 2 JANVIER 1814

(1re division du Ve Corps bavarois : lieutenant-général de Rechberg [1])

Sur les premières pages du *Journal de Siège* du commandant Legrand, sont transcrits deux textes des règlements alors en vigueur. L'un est extrait du décret impérial du 24 décembre 1811 sur la défense des places de guerre :

« *Tout gouverneur ou commandant à qui nous avons confié une de nos places de guerre doit se ressouvenir qu'il tient entre ses mains un des boulevards de notre Empire ou l'un des points d'appui de notre armée, et que sa reddition, avancée ou retardée d'un seul jour, peut être de la plus grande conséquence pour la défense de l'Etat et le salut de ses armées.* »

L'autre texte se réfère à une date plus reculée. C'est une « circulaire » de Louis XIV, du 6 avril 1705.

(1) La division de Rechberg se composait de deux brigades d'infanterie, d'une brigade de cavalerie et d'un détachement d'artillerie [6e batterie légère, 6e batterie lourde]. (Janson : *Der Feldzug 1814 in Frankreich.*)

« *Il* (le gouverneur) *se rappellera que les lois militaires condamnent à la peine capitale tout gouverneur ou commandant qui livre sa place sans avoir forcé l'assiégeant à passer par les travaux lents et successifs des sièges, et avant d'avoir repoussé au moins un assaut au corps de place sur des brèches praticables.* »

Le caractère de celui qui avait ainsi voulu se mettre en permanence en face de son devoir écrit s'éclaire à nos yeux, pour toute la suite du siège, d'une lumière qui lui donne, semble-t-il, sa véritable et saisissante unité. Par là, nous comprenons seulement comment le fonctionnaire méticuleux, méfiant, peut-être un peu inquiet, qu'était de nature un Legrand, sut prendre appui sur les plus hautes et les plus fortes traditions militaires pour se procurer, en vue des lourdes épreuves qu'il pressentait, la certitude morale qui allait lui devenir, dans son isolement, la première des sauvegardes.

Dans la nuit du 21 au 22 décembre, on apprenait à Belfort que l'ennemi venait de pénétrer dans le département du Haut-Rhin en deux colonnes, l'une sur Huningue, l'autre sur Porrentruy. A cette violation subite du territoire (1) devait tout naturellement correspondre, pour la garnison de Belfort, le signal de l'*alerte*. Celle-ci fut donnée au point du jour, à 4 heures du matin, et s'exécuta sans incident.

En même temps était proclamé l'état de siège, qui concentrait entre les mains du commandant d'armes tous les pouvoirs, civils et militaires. L'arrêt consécutif des séances

(1) Les deux colonnes appartenaient, comme nous l'avons vu, au Ve Corps (de Wrède).

de la justice de paix, du tribunal civil et même du conseil municipal ne fut d'ailleurs pas absolue et Legrand ne tarda pas à restituer, aux corps judiciaires et élus, tout ou partie de leur autorité.

Le matin du 22, Legrand convoquait pour la première fois son conseil de défense (1).

Il envoyait aussi en toute hâte deux gendarmes à la recherche de plusieurs détachements de passage, qui avaient séjourné la veille dans la place et étaient maintenant en route vers le nord. Rejoints à temps, les détachements (2) exécutaient sans désemparer leur marche de retour et regagnaient la Place dans la nuit du 22 au 23 : ils n'avaient pas rencontré l'ennemi.

Legrand, d'ailleurs, avait soigneusement fait contrôler par des reconnaissances les renseignements recueillis. Des cavaliers volontaires s'étaient joints aux chasseurs de la garnison; l'hôtelier Keller, du *Canon d'Or*, poussa même, sur la grand'route de Bâle, jusqu'au delà d'Altkirch et aperçut, en arrivant vers Ranspach, les premières colonnes ennemies. Il fit aussitôt volte-face et rapporta, dans la nuit, le renseignement à Belfort.

Malgré les avis et les rumeurs qui circulaient déjà depuis plusieurs jours, la confusion dans la ville fut aussitôt à son comble. Parmi les habitants, les uns accouraient aux bureaux des Messageries pour expédier en hâte, chez leurs parents ou leurs amis éloignés, leurs objets les plus

(1) « *A MM. les chefs de corps de la garnison de Belfort, les commandants d'artillerie et du génie :*

Belfort, le 22 décembre 1813.

Monsieur le Commandant, étant donnée la position où se trouve la place que j'ai l'honneur de commander d'après l'invasion que vient de faire l'ennemi sur le territoire français, j'ai l'honneur de vous inviter de vous rendre chez moi ce matin à 10 heures précises pour nous concerter sur les moyens à employer que nécessitent les circonstances, qui sont urgentes. »

(2) C'étaient ceux énumérés dans la note de la page 28.

précieux; d'autres quittaient précipitamment la ville avec leur mobilier. Pourtant quelques-uns, chez qui la curiosité l'emportait, se dirigèrent du côté où l'on avait signalé l'ennemi (1). Ils rencontrèrent l'avant-garde bavaroise au village de Chèvremont. Arrêtés, interrogés sur les dispositions des habitants, ils furent ramenés le soir même, par la route de Roppe, jusqu'aux avant-postes français. Moins heureux qu'eux, un officier du 14e chasseurs, envoyé en reconnaissance le matin du 24 sur cette même route de Roppe, ne revint pas.

Dans la journée, en effet, les communications de Belfort avec l'extérieur avaient été définitivement coupées. Rechberg (2), arrivé de la veille à Altkirch, avait poussé le 24 par Chèvremont sur Perouse, où il pénétrait vers midi. De Chèvremont, il avait d'ailleurs dirigé deux détachements chargés d'envelopper la place, l'un à gauche par Vèzelois et Danjoutin, l'autre à droite par Roppe, le Bramont, Offemont, le Valdoie, Cravanche, Essert et Bavilliers. Les deux fractions se rejoignaient vers 4 heures du soir à Bavilliers. L'investissement de Belfort était accompli.

A 3 heures et demie, un premier arrêt avait été imposé aux Bavarois par les postes avancés que la garnison avait détachés à l'entrée de Perouse (sur la route de Bâle) et vers l'étang de la Mèche (3) (sur la route de Strasbourg).

---

(1) Le notaire Triponé rapporte dans ses Mémoires que, parmi eux, se trouvait son fils ainsi que son clerc, le jeune Baume. Huit années plus tard, ce dernier n'avait sans doute rien perdu de son humeur aventureuse, car on retrouve encore son nom parmi ceux des conspirateurs bonapartistes de la Conjuration de Belfort (1822).

(2) L'année précédente, Rechberg (comme tous les généraux bavarois) faisait encore campagne sous les ordres de l'Empereur. Il avait eu les pieds gelés pendant la campagne de Russie et faisait volontiers parade de ses sentiments francophiles.

(3) L'étang de la Mèche (ou de la Maie) n'existe plus. Il s'étendait au sud-ouest de Denney, et la grand'route de Strasbourg, resserrée entre le bord septentrional de l'étang et les pentes du Bramont, constituait, avant de pénétrer dans Belfort, un véritable défilé.

Mais Legrand, devant la supériorité numérique de ses adversaires, avait surtout cherché à agir contre eux par son artillerie : à 2 heures, le canon du Château avait commencé de tonner, et ses premiers projectiles contraignaient à la retraite une patrouille de cavalerie entrevue à l'ouest de Perouse.

Le spectacle avait attiré sur les remparts, dès 11 heures et demie du matin, la plus grande partie des habitants. A leurs pieds, au bruit des trompettes et des tambours, les cavaliers s'étaient rassemblés sur la place du Manège, les fantassins sur la place d'Armes. Puis les détachements avaient défilé sous la conduite du colonel Kail, « électrisés, rapporte un témoin oculaire (1), par la vue de leur chef marchant à l'aide de béquilles, le sabre à la main, les pieds dans la neige... ». Tableau que le cadre sévère où il se déroulait rendait plus émouvant encore, sur cette place d'Armes, évocatrice de tant de traditions militaires. Au fond s'élevaient les bâtiments de l'Arsenal (2), du corps de garde, de l'hôtel de ville, reconstruit par Kléber (3) vingt années plus tôt. A gauche, s'allongeaient les bords du canal des Moulins, qui, à l'époque, coulait encore à découvert (4), tel qu'un siècle et demi en deçà l'avait aménagé Vauban. Tout en haut, enfin, surplombaient les murailles dominantes du Château et de son antique chapelle, contemporaine des vieux sièges de Belfort et de la guerre de Trente ans... « La température était douce, ajoute notre chroniqueur, en dépit d'une petite brise qui soufflait des montagnes, le ciel était assom-

(1) « Journal d'un bourgeois » (*Revue d'Alsace*, 1885).

(2) C'est, actuellement, l'hôtel du gouverneur militaire; à l'entrée subsiste encore la devise : *Hic fulmina Jovis*.

(3) Kléber, alors architecte, avait habité Belfort de 1784 à 1792 en qualité d'inspecteur des bâtiments civils.

(4) Le canal traverse actuellement la place en souterrain.

bri par de grands nuages grisâtres que coloraient de temps à autre les pâles rayons du soleil de décembre... (1). »

Legrand ne s'était pas laissé distraire, par l'approche de l'ennemi, des multiples occupations que lui imposait

Le Corps de garde de la place d'Armes et l'ancien Arsenal (hôtel actuel du Gouverneur militaire).

l'insuffisant état de préparation de la Place. Les gardes forestiers de l'arrondissement, armés et réunis par ses soins, avaient été mis sous les ordres du garde général Duclos, et ce dernier avait quitté la ville pour coopérer

(1) La population civile, subitement isolée du reste du monde, tombait au calme absolu après le mouvement incessant qui avait fait de Belfort, une année durant, le plus bruyant des carrefours militaires. Voici, par un témoin, la description de la première nuit du siège, où l'on trouve déjà quelque peu de cette angoisse et de cette « fièvre obsidionale » par où se caractérisent si souvent les débuts d'un investissement : « ...La nuit fut sombre et froide; la campagne, autour de la ville, eût offert un étrange spectacle aux regards d'un observateur placé sur la citadelle (*le château*). Des clartés brillaient çà et là dans l'ombre, stationnaires ou mouvantes derrière une haie, ou courant sous les arbres et scintillaient sur la neige. L'ennemi établissait ses postes, faisait des rondes et des patrouilles, ou se chauffait autour des feux du bivouac. Tout était calme dans la ville; de loin en loin, les pas d'une sentinelle rendaient le silence plus monotone; mais dans la campagne, au milieu du bruit des arbres dont le vent balançait les branches chargées de givre, l'oreille pouvait distinguer un autre bruit, non moins confus, mais d'une autre nature : des

plus utilement, du dehors, à sa défense (1). De même qu'aujourd'hui l'on s'efforcerait, par l'abat préalable et la congélation, d'économiser la nourriture du bétail sur pied, Legrand organise sur des bases modestes, à l'aide de trois tonneliers et de six portefaix, un atelier pour la préparation des viandes salées. En prévision d'un bombardement qu'il estime imminent, il fait dépaver la place d'Armes et les rues les plus exposées. Mais, déjà, il ne prévoit guère qu'il puisse tenir bien longtemps dans l'enceinte de la ville, et ses préoccupations se tournent vers l'aménagement du Château. Il ordonne de munir de réverbères *le grand souterrain*, futur casernement de la garnison, *le petit souterrain*, futur « logement de siège » de l'état-major de la Place. Le moral de sa troupe le préoccupe; le 25, il lui adresse une proclamation bien propre à donner de leur rôle, aux modestes défenseurs qui la composent, la plus haute idée... « Soldats, en ce moment toute la France a les yeux tournés vers vous et, sans nul doute, une forte armée marche à votre secours (2). Vous êtes dans une place qui peut favorablement se défendre, et quelques ennemis, à qui vous aurez

éclats de voix, le qui-vive des sentinelles, les piaffements d'un cheval, le roulement d'une voiture, la neige, gelée à la surface, qui criait sous les pieds d'une patrouille. Tous ces faibles bruits mêlés, croisés et grandis les uns par les autres, formaient un murmure sourd, inexprimable. Il y avait quelque chose d'effrayant, dans ce silence, pour les assiégés qui veillaient. L'ennemi était là, à deux portées de fusil, vivant et agissant dans l'ombre, préparant l'attaque... Et il fallait attendre le lever du jour, le commencement des hostilités! Les préliminaires de la lutte, ensevelis dans la nuit, semblaient plus redoutables que la lutte elle-même. »

...Déjà deux cents ans plus tôt, dans un cadre analogue, d'autres esprits imaginatifs s'exaltaient sur les mêmes visions... Un mémorialiste du siège de Casal (1630), capitaine au régiment d'infanterie de la Serre, nous décrit les hallucinations des assiégés qui voient, la nuit, des ombres marcher au milieu des nuages « ...voire des formes vagues de chapeaux et de pourpoints. lesquels semblent vagabonder... ».

(1) Il paraît probable, d'ailleurs, qu'ils se retirèrent sur Epinal, avec les forestiers qu'essayait d'y réunir à ce moment le général Cassagne.

(2) S'agissait-il, dans l'esprit de Legrand, du corps de Victor?... Sincères ou factices, nous verrons comment ces espoirs furent déçus.

fait mordre la poussière, auront bientôt mis votre expérience au niveau de la bonne volonté que vous avez montrée et que vous ne cessez dans toute occasion de manifester. »

Mais c'est l'instruction de ses jeunes troupes qui attire surtout l'attention de Legrand. Il prescrit qu'on exercera régulièrement les hommes qui ne sont pas de service, et (détail que rend plus suggestif le fait du contact déjà établi avec l'ennemi) qu'on les fera tirer à poudre sur les remparts « afin de les familiariser avec le bruit de leurs armes ».

A la même date du 25, Legrand avait donné des ordres pour débarrasser la zone des approches des constructions qui l'encombraient. Dur sacrifice, qui n'alla pas sans les plus véhémentes protestations des habitants. C'était le garde d'artillerie Maître qui avait été chargé de diriger l'opération. On commença par dégager les abords de la porte de France sur les deux côtés de la Savoureuse. Le 25, on mit le feu à la rangée des petites boutiques qui, en 1813, s'élevaient sur la rive droite, le long de la promenade qui joint le pont à l'hôpital militaire. On abattit ensuite les arbres de la promenade elle-même, puis on brûla plusieurs maisons qui gênaient le tir à l'origine du faubourg des Ancêtres et du faubourg de France; on détruisit la maisonnette du perruquier La Feuillade, toute proche du pont. Sur le front oriental, on incendia de même, en avant du Château, quelques constructions qui subsistaient sur la pente descendante des Perches, au-dessus de l'étang de Bethenans. Enfin, à l'extérieur de la porte de Brisach, on abattit (et ce ne fut pas pour les Belfortains la moindre épreuve) les *gloriettes* et les palissades des jardins où ils avaient coutume de passer les dimanches d'été. Le 26, dans l'après-midi, ce devait être le tour du Moulin Neuf, au faubourg du Fourneau. Mais, ce soir-là, le meunier, exaspéré, s'était enfermé dans sa maison. Et quand, exécuteur de sa consigne, le garde d'artillerie se fut approché et eut mis le feu aux bâtiments, une pierre énorme, lancée d'une fenêtre, l'atteignit et le blessa mortellement. Puis le meunier se laissa brûler dans son moulin.

L'ennemi, pendant ce temps, s'efforçait de resserrer son investissement. Impuissant à avancer par l'est et la route de Bâle, à cause de l'action dominante du Château de ce côté, il chercha à progresser en partant de la région (1) occidentale de la Place et des routes de Lyon et de Paris.

Le 25 (2), deux détachements bavarois débouchèrent simultanément vers Belfort d'Essert et de Bavilliers. Ils se heurtèrent, près de l'emplacement actuel du fort Denfert, puis vers la ferme des Barres, à un poste du 63e : une quarantaine d'hommes le refoulèrent en deçà de la jonction des deux routes (3) et y prirent d'abord position. Se divisant de nouveau, ils se portèrent vers le pont de la Savoureuse par le faubourg de France et par la rue des Barres. Mais, arrêtés par le feu du Château et quelques coups à mitraille (4) tirés par deux pièces de 4 placées sur l'avancée de la porte de France, ils rétrogradèrent jusqu'au carrefour des routes de Lyon et de Paris. Le lendemain, une patrouille bavaroise s'avançait jusqu'à l'hôpital militaire situé, comme on le sait, en dehors des

(1) Rechberg avait en même temps poussé sur Lure un détachement de cavalerie qui y rencontra, le 27, une forte patrouille française et la refoula.

(2) Le 26, d'après un document autrichien : *Die Blokade von Belfort, 1814 (nach œstreichischen Originalquellen)*, par le lieutenant-colonel Schels.

(3) Au carrefour actuel de l'avenue de la Gare et du faubourg de France.

(4) Plusieurs projectiles du Château, tirés par des artilleurs encore inexperts, s'égarèrent sur les maisons de la ville. Aujourd'hui encore, on voit un boulet de l'époque encastré dans la façade du n° 4 de la place d'Armes, un autre à l'angle de la rue des Barres et de l'hôtel de l'Ancienne Poste.

murs. Le portier prit le parti de lui offrir des rafraîchissements. Les Bavarois acceptèrent, puis se retirèrent sans avoir poussé plus avant ni fait autrement acte d'hostilité.

Rechberg, d'ailleurs (à tort ou à raison), s'était vite convaincu qu'il ne devait pas espérer conquérir Belfort par le procédé rapide, quoique classique, de l'attaque par surprise (1). Les assiégés, cependant, en envisagèrent pendant plusieurs jours la possibilité. Ils redoutaient surtout l'escalade du rempart dans les environs de la Glacière (au point de jonction du *front de la sortie des eaux* (2) et des escarpements du Château). Sans cause, une alerte fut donnée dans la nuit du 29, vers 4 heures du matin, et on éclaira jusqu'au jour les fossés de ce côté par des pots à feu lancés sans répit. L'ennemi, d'ailleurs, ne parut pas.

C'était, en effet, à un autre mode d'attaque, au bombardement, que l'assiégeant avait décidé de recourir d'abord. Il n'ignorait pas qu'on n'avait pu faire prendre les armes à la cohorte urbaine (3) et espérait bien que le bombardement, par sa violente action sur le moral de la population civile, aurait pour premier contre-coup un

---

(1) Et pourtant, y a-t-il jamais, pour un assiégeant, une occasion plus propice que celle-là, d'exploiter cette sorte de paralysie morale si fréquente chez les défenseurs, tout au début d'un siège? Qu'on se rappelle, à ce propos, les suites incalculables qu'avec un peu d'audace l'armée allemande eût pu tirer de son succès de Châtillon, au commencement de l'investissement de Paris (19 septembre 1870). Qu'on se rappelle aussi les chutes précipitées des forteresses prussiennes après Iéna.

(2) A l'extrémité des terre-pleins qui limitent de ce côté l'ancien arsenal.

(3) Les questions adressées par Rechberg aux jeunes Belfortains capturés à Chèvremont le premier jour de l'investissement avaient, en effet, porté d'abord sur l'état d'esprit de la population civile. Sans doute, le lendemain, Legrand avait cherché, par une proclamation sonore, à relever les courages. Mais il y perçait malgré tout quelque incertitude : « Habitants de Belfort, et vous particulièrement, citoyens qui faites partie de la cohorte urbaine, l'ennemi est momentanément près de vous, il menace vos propriétés. Il n'y est arrivé que par la trahison des Suisses, trahison sur laquelle l'Empereur et la Patrie ne devaient pas compter.

« Habitants de Belfort, avez-vous oublié les beaux jours de la gloire française? Prenez les armes, secondez les efforts de la garnison. Bientôt vous serez débloqués, vous vous couvrirez de gloire, vous donnerez les premiers l'exemple du dévouement français, et vous apprendrez à l'Europe que les sentiments si connus des Gaulois n'ont jamais dégénéré! ».

effet décisif sur les résolutions du commandant d'armes.

Dans les derniers jours de l'année 1813, les positions des Bavarois étaient les suivantes : ils étaient établis et baraqués sur la route de Bavilliers et dans les fonds voisins, au Mont, au Valdoie, à Roppe, à Bessoncourt et à Perouse. Leurs avant-postes occupaient les hauteurs entre la Place et ces diverses localités. Quant aux batteries de bombardement, elles s'installaient aux Basses-Perches, à la Justice (où l'on avait utilisé les vieux chemins couverts de l'ouvrage ébauché en 1793) (1), à la Miotte. Des emplacements avaient été aussi aménagés vers la montée de la route de Roppe (sortie actuelle du Vallon) et aux Champs-Dauphin (non loin du fort des Barres actuel).

Le 30 décembre, à 4 heures du matin, les canons bavarois de la Miotte ouvrirent brusquement le feu contre le Château, suivis par les batteries de la Justice et des Basses-Perches. Jusqu'à 6 heures, jusqu'au jour, deux cents projectiles tombèrent, tant sur le Château, où une pièce fut endommagée, que sur la ville, qui, elle, souffrit assez peu. Au reste, l'artillerie de la défense avait énergiquement répondu, cherchant surtout à contrebattre la batterie de la Justice, la plus rapprochée et la plus gênante. Comme c'était d'ailleurs du côté de cette batterie que l'assaillant semblait pousser le plus activement ses travaux, Legrand résolut d'y envoyer sans délai une reconnaissance qui tenterait en même temps de la détruire.

Le 30, à 3 heures du soir, un détachement de 300 fantassins et de 40 cavaliers, sous les ordres du capitaine Dupuis, du 14e chasseurs, sortait brusquement de la Place par la porte de Brisach, sous la protection d'une pièce de 4, et s'engageait sur la route de Perouse. Soutenu par

(1) *Revue d'Alsace*, 1885.

l'artillerie du Château, il rejetait vivement vers la lisière du village les avant-postes ennemis, les faisait contenir par sa cavalerie, puis, obliquant à gauche, abordait à la baïonnette les anciens chemins couverts de 1793, d'où les travailleurs bavarois employés à la construction de la batterie dirigeaient sur les nôtres une violente fusillade. Refoulé et dispersé dans les broussailles environnantes par la vigoureuse attaque de nos jeunes soldats, l'ennemi se cramponnait cependant au terrain sans que, faute de cavalerie, on pût l'en déloger. Au reste, un brouillard épais gênait les vues, la nuit s'approchait et des lignes ennemies compactes apparaissaient aux lisières des bois qui commandent Perouse. Dupuis ramena, vers 5 heures, son détachement dans la Place : il avait eu une cinquantaine de blessés et seulement trois hommes tués ou prisonniers.

La reconnaissance avait repéré avec exactitude l'emplacement des batteries ennemies de la Justice. Mais, en même temps, elle avait constaté qu'aucune pièce de siège n'était en position, l'ennemi n'ayant encore que des canons et des obusiers de campagne, matériel insuffisant pour l'attaque régulière d'une place comme Belfort.

Dans la nuit du 30 au 31, à 3 heures du matin, le bombardement recommençait. La veille, pourtant, le gros de la division Rechberg, sur la menace annoncée d'une offensive française partant de Strasbourg, avait rétrogradé sur Dannemarie, ainsi que nous le verrons plus loin, ne maintenant provisoirement devant Belfort qu'une seule brigade. Avec celle-ci, Rechberg n'avait laissé sur place que le minimum d'artillerie, et les assiégés, quoique ignorants de la demi-retraite des Bavarois, se rendirent très bien compte que, cette nuit-là, le feu ne partait plus que par alternance des trois positions de la Miotte, des Champs-Dauphin et de la montée de Roppe, dont les artilleries réduites étaient successivement renforcées par une petite batterie volante de deux obusiers et d'un canon. Pourtant, neuf cents projectiles nouveaux tombèrent sur le Château (dont une pièce fut démontée) et sur la ville, où les dégâts, comme ceux de la veille, furent assez limités.

Dès son arrivée devant la Place, Rechberg avait cherché à s'aboucher avec Legrand. Celui-ci consentit à envoyer à Perouse, quartier général bavarois, le major Delorme, « mais sans écrit, explique-t-il prudemment, et seulement pour apprécier les forces et la position de l'ennemi et connaître les intentions du général, malgré que bien résolu à ne pas les accepter ». De telles réserves mentales constituaient, pour les négociations entamées, une base vraiment insuffisante. Elles échouèrent.

Pourtant, à la suite de ses deux premiers bombardements, Rechberg crut sans doute avoir atteint le but d'intimidation qu'il s'était proposé. Car, le dernier jour de l'année 1813, il adressait au commandant de la place une sommation que nous reproduisons ici, afin de citer à son tour la réponse de Legrand et de montrer à quelle élévation toute cornélienne les circonstances venaient, en si peu de jours, de hausser les sentiments et le langage du modeste administrateur d'hier :

Le lieutenant-général Rechberg, commandant les troupes bavaroises, à Monsieur le commandant de la place de Belfort.

Perouse, le 31 décembre 1813.

Monsieur le Commandant,

Toujours disposé à faire cesser des dévastations qui ne

peuvent plus tendre à rien qu'à incendier et verser encore plus de sang, je crois pouvoir vous proposer, Monsieur le Commandant, d'être satisfait de la bravoure que vous m'avez montrée et des essais que vous avez faits.

Vous n'ignorez probablement pas le passage de quatre armées coalisées et leurs succès sur toute la ligne du Rhin.

Les principes de gloire ont certainement des bornes : je pense que vous devriez profiter de la dernière occasion que je suis dans le cas de vous offrir, pour ne pas vous empêcher de faire usage, dans les derniers moments de confusion, de ces principes de considération et d'humanité dont nous nous faisons gloire.

Recevez, Monsieur le Gouverneur, l'assurance de ma haute considération.

Le général de division
commandant les troupes bavaroises,
RECHBERG (1).

Réponse de M. le commandant d'armes de la Place et Château en état de siège :

A Monsieur le Général commandant les troupes bavaroises à Perouse.

Monsieur le Général,

Comme vous, je voudrais que le sang cessât de couler, mais un militaire, vous le savez très bien, n'a rien fait pour son pays quand il n'a pas fait tout ce qu'il pouvait faire.

---

(1) Une signature *Finckelberg* (qui figure à l'original du *Journal du Siège*) semble une erreur de transcription, aucun général Finckelberg n'ayant fait partie, en 1813, du Ve corps bavarois.

Les dévastations, Monsieur le Général, ne font rien au sort de la Place : pourquoi donc en faites-vous? Les Français, quand ils connaîtront la manière dont vous avez traité les habitants de Belfort, redoubleront d'énergie pour éviter le même sort.

LA GLOIRE PEUT AVOIR DES BORNES, MAIS L'HONNEUR N'EN A POINT. *Je suis décidé à me le conserver intact, ainsi qu'à toute la garnison, qui partage mes sentiments.*

Nous ne connaissons pas les forces des puissances coalisées, mais nous espérons tout de notre Empereur et de la Patrie.

Agréez, s'il vous plaît, Monsieur le Général, l'expression bien sentie de tous les sentiments qui vous sont dus.

LEGRAND.

A ces fières paroles, les Bavarois répondaient, le soir même (1) du 31 décembre, par un dernier bombardement, plus vigoureux que les précédents. A minuit, à l'heure même où commençait la nouvelle année, le feu, subitement, redoublait avec la dernière violence. Aux boulets (2) et aux obus lancés, comme les nuits précédentes, par les pièces de campagne, se joignaient maintenant une grêle de bombes de tout calibre, projetées par une batterie de mortiers installée à la ferme des Barres. Le feu, concentré sur la superficie restreinte de la

(1) A neuf heures.

(2) Sous le Premier Empire, les *canons*, pièces longues qui tiraient le boulet plein, les *obusiers*, pièces courtes qui tiraient un projectile creux, faisaient partie, suivant leur calibre, soit de l'artillerie de campagne, soit de l'artillerie de siège et place. Quant aux *mortiers*, qui rentraient tous dans cette dernière catégorie, ils étaient employés exclusivement au tir vertical et utilisaient la bombe, gros projectile creux à anses, dont le calibre variait de 8 à 12 pouces. Les mortiers lisses figurent toujours, d'ailleurs, dans nos approvisionnements.

ville et du Château, ne s'arrêta qu'à 10 heures du matin. Il avait, cette fois, causé de sérieux dommages (1).

Quoique la température se fût considérablement abaissée, Legrand avait maintenu tout entière sous les armes sa garnison pendant la nuit, suivant un principe qui s'accordait bien avec son caractère un peu inquiet, et qu'il appliqua jusqu'au bout du siège. Les hommes, manquant de capotes et même d'habits, souffrirent durement du froid (2) pendant la nuit du 1er janvier : il y eut, outre plusieurs blessés, de nombreux malades. Les jeunes soldats, néanmoins, n'avaient rien perdu de leur entrain : ils firent aux « oranges du Nouvel An » (c'était le nom qu'ils donnaient aux petites bombes que les Bavarois avaient lancées à profusion) un succès qui se renouvela le lendemain. Maintenant, en effet, le bombardement semblait devoir devenir quotidien. Car il reprit, pour la quatrième fois, dans la nuit du 1er au 2; au reste, son unique résultat (d'ailleurs suffisamment fâcheux) fut de mettre de nouveau sur pied la garnison tout entière (1), dont la bonne humeur, malgré tout, ne se démentait pas.

Legrand trouvait peut-être dans la population civile une soumission moins spontanée. Accoutumés, en effet, depuis dix-sept ans, à en user familièrement avec le vieil officier, les bourgeois ne se rendaient sans doute qu'un compte insuffisant des droits exceptionnels que l'état de siège venait de lui conférer. Pour lever, aux yeux de tous, les incertitudes et établir nettement, ainsi qu'il convenait, sa

(1) L'église souffrit particulièrement; la tour de l'horloge (seule construite à l'époque) montre encore aujourd'hui les traces des boulets de 1814, mêlées aux atteintes des projectiles de 1870.

(2) Le froid devint si vif, au commencement de janvier, que les outils se brisaient entre les mains des hommes qui travaillaient aux terrassements.

(3) « La garnison a pris les armes à deux heures du matin, afin de renforcer les postes et les sentinelles, et le reste a été placé sur les remparts, tant dans la place qu'au fort... » (*Journal du Siège : 2 janvier*).

nouvelle situation vis-à-vis de l'élément civil, Legrand attendit la première occasion. Et, quelque négligence ayant été constatée dans le service de l'hôpital, il s'exprima, dans une lettre au maire, avec éclat et fermeté (1) : « Revêtu, Monsieur le Maire, d'après les circonstances actuelles, de l'autorité suprême, j'ordonne, soit à vous ou à votre délégué, d'employer de suite tous les moyens propres à assurer complètement le service de l'hôpital militaire dans le cas de refus d'y satisfaire par le sieur Polin, économe. Veuillez bien m'en rendre compte, afin que je sévisse contre lui comme le prescrivent les lois militaires... ».

Dès le premier bombardement, la population civile s'était réfugiée dans ses caves. Legrand avait mis en outre à sa disposition les magasins à poudre des tours (2) bastionnées, qui étaient à l'épreuve de la bombe. Mais la rareté déjà sensible des vivres, les incommodités de l'entassement, les rigueurs de la saison faisaient de cette vie en commun, malgré de beaux exemples de résignation et de stoïcisme, un milieu enfiévré où la crédulité générale prenait son aliment dans les nouvelles les plus contradictoires, parfois dans les espoirs les plus invraisemblables.

Dans la réalité, Belfort, au début de cette année 1814, isolé comme les autres petites places d'Alsace au milieu du flot montant de l'invasion, n'avait déjà plus rien à attendre que de lui-même.

Nous avons, en effet, laissé, le 23 décembre, de Wrède

(1) Ordre donné au maire faisant fonction de commissaire des guerres (*Journal du Siège : 1er janvier*).

(2) Les trois tours bastionnées existent encore, jalonnant le tracé de l'ancienne enceinte.

et l'état-major du Ve corps à Hésingen, couverts au nord par le détachement de cavalerie Scheibler, reliés au sud avec la colonne Crenneville-Bianchi, en marche par Bienne vers Porrentruy.

Sur la nouvelle du passage à Bâle des masses ennemies, l'Empereur avait expédié immédiatement ses ordres de Paris aux maréchaux Victor et Marmont, établis respectivement à Strasbourg et à Mayence. Quoiqu'il les vît débordés par leur droite, il ne pouvait entrer dans son esprit de leur prescrire une marche rétrograde directe. Au contraire, c'était pour eux, placés comme ils l'étaient sur l'aile de l'invasion, l'occasion d'utiliser maintenant leur position de « couverture indirecte » et d'agir contre le flanc droit des alliés par une vigoureuse offensive. Ramenant donc, par Landau, Marmont (1) sur les troupes de Victor, Napoléon prescrivait à ce dernier (2) de gagner de suite, par Schlestadt, du terrain vers le sud, sous la seule condition, imposée à l'un et à l'autre, de laisser de solides garnisons dans Mayence et dans Strasbourg. Et l'Empereur terminait ainsi sa lettre à Victor : « Il faut insurger le pays contre l'ennemi en Alsace et faire sonner le tocsin. Cette province est brave et a de l'élan. » Mais ces ordres, si judicieux fussent-ils, s'appliquaient à des effectifs trop insuffisants et surtout arrivaient trop tard pour qu'ils pussent être exécutés. Néanmoins, vers la même époque (le 25 décembre), Napoléon adresse encore à son ministre Clarke des instructions fiévreuses pour la mise en état de défense de la ligne de forteresses qui devait couvrir la

(1) Lettre du 24 décembre de Berthier, major général, à Victor.

(2) Du même au même : 26 décembre, 3 heures soir.

frontière suisse (1), dont Belfort constituait le point d'appui de gauche. Et l'Empereur demande qu'on lui fasse connaître d'urgence « en quel état sont ces places ». Mais, le 26, un rapport du ministre de la police lui apprend qu'un voyageur, venu d'Héricourt à Paris, a signalé la présence de l'ennemi, dès le 24, aux environs de Belfort. Dans le fait, le renseignement est rigoureusement exact. L'Empereur, pourtant, se refuse violemment à y croire et écrit avec colère la note suivante :

Au général Savary, duc de Rovigo,
ministre de la police générale.

Paris, 26 décembre 1813.

Le rapport que vous m'avez apporté d'un voyageur venant d'Héricourt n'a pas de sens. L'ennemi n'a pu être le 22 à Montbéliard. Ayant des nouvelles de Belfort du 24, il ne pouvait pas non plus y être à cette époque. Par la même raison, il n'a pu en repartir le jour indiqué. De pareils rapports sont plus nuisibles qu'utiles. Faites venir l'individu qui vous a fait ce rapport, et interrogez-le d'après le mode ci-après :

« *Comment vous appelez-vous?*

« *De quel pays êtes-vous?*

« *Que faites-vous et quelle est votre profession?*

« *D'où venez-vous?*

« *Quel jour et à quelle heure êtes-vous parti?*

« *Vous venez d'Héricourt : quel jour et à quelle heure êtes-vous parti d'Héricourt?*

« *Comment avez-vous voyagé?*

(1) A la même date, le général Gérard partait de Paris pour Belfort, par où il devait commencer, sur l'ordre de l'empereur, l'inspection des diverses places d'Alsace. L'arrivée de l'ennemi ne lui permit pas de dépasser Langres.

« *Qui était avec vous?*

« *A quelle heure êtes-vous passé à Belfort?*

« *Qu'avez-vous vu de vos yeux à votre passage à Belfort?*

« *Qu'avez-vous entendu dire à Belfort et en route?* »

Renvoyez-moi sur-le-champ cet interrogatoire fait ainsi, et conservez-en le modèle, afin que cela soit toujours fait de même.

Envoyez sur les routes des agents qui fassent des interrogatoires dans le mode que je viens de vous indiquer. Ayez-en aussi aux barrières de Paris et à la poste.

NAPOLÉON.

A cette date, Legrand, déjà investi, ne se doutait guère que sa Place attirait en ce moment même, et sous une forme aussi véhémente, l'attention impérieuse du Maître... Quant à Victor, nous venons de voir que, malgré les ordres reçus, ses forces réduites (8.000 hommes au 2e corps d'infanterie, 5.000 hommes au Ve corps (1) de cavalerie) ne pouvaient lui permettre d'être bien aventureux. Pourtant, avant même d'avoir reçu l'invite de l'Empereur, il avait entamé, couvert par sa cavalerie, un mouvement général vers le sud. Le 24, les vieux dragons d'Espagne

(1) Le Ve corps de cavalerie, sous les ordres de Milhaud, se composait de deux divisions de dragons et d'une division de cavalerie légère. Les hommes qui en faisaient partie, d'origine alsacienne pour la plupart, ne manquèrent pas de déployer avec éclat, sur le sol natal, leurs vigoureuses qualités combattantes. A la première affaire de Sainte-Croix un dragon originaire de Kaysersberg se jette à six reprises dans la mêlée, revient chaque fois après avoir capturé un nouvel adversaire et n'accepte de boire avec ses compatriotes, spectateurs émerveillés, qu'après leur avoir ramené un septième prisonnier. Un autre dragon, d'Eguisheim, est au cantonnement, le 31 décembre, dans ce même village de Sainte-Croix. A la faveur d'une surprise nocturne, l'ennemi vient d'y pénétrer de toutes parts. Tranquillement, notre homme s'habille dans son logement, allume sa pipe, puis sort son cheval dans la cour intérieure, le selle, le bride, le monte. Mettant alors le sabre à la main, il se fait brusquement ouvrir les portes de la rue, se jette en avant et, par de furieux moulinets, se fraie un passage et s'évade du milieu pressé des ennemis stupéfaits.

de la brigade Montélégier abordaient à Sainte-Croix, au sud de Colmar; les cavaliers du colonel Scheibler (1) les bousculaient et les rejetaient sur Mulhouse après leur avoir détruit le tiers de leur effectif.

La marche en avant de Victor, paralysée par les menaces de l'armée de Silésie qui allait passer le Rhin sur ses derrières, devait, malgré un nouveau succès à Sainte-Croix (31 décembre), en demeurer là. Néanmoins, les effets du combat du 24 (effets que possède toujours, par sa propre vertu, l'offensive systématique) furent instantanés et profonds sur l'esprit des états-majors alliés. Ils se répercutèrent (2) de Scheibler sur Wrède, de Wrède sur Schwartzenberg; et ce dernier (qui voyait déjà Napoléon arrivé à Strasbourg) arrêta, entre Hésingue et Belfort, sa marche en avant. Sans doute, des hussards du détachement Scheibler prenaient bien, le 26, contact à Cernay avec un détachement de gendarmes français (3); sans doute, le 27, Rechberg, en position devant Belfort, poussait encore jusqu'à Lure une reconnaissance de cavalerie. Mais, le 30, Schwartzenberg faisait prescrire à Rechberg de ne plus laisser devant la place assiégée qu'une seule brigade; le reste de sa division devait venir renforcer, vers Dannemarie, le gros du Ve corps bavarois, en prévision d'une marche offensive des Français vers le sud. La fin de l'année 1813 se passa, dans les quartiers généraux alliés, parmi ces incertitudes.

Mais ces nouvelles ne franchissaient déjà plus les mu-

(1) Le détachement mixte de Scheibler comprenait deux régiments de Cosaques, un escadron de hussards de Szeckler, un escadron de chevau-légers bavarois, 50 hommes d'infanterie du régiment de Hesse-Hombourg.

(2) Se rappeler les conséquences que l'échauffourée de Sarrebruck, tout irraisonnée qu'elle fût, devait avoir sur les retards de la concentration allemande en 1870.

(3) C'étaient les gendarmes du lieutenant Sommer, d'Altkirch, qui avaient rétrogradé sur Thann dès l'arrivée des Alliés.

railles de Belfort, où toutes les préoccupations se localisaient maintenant sur les effets, trop directement sensibles, du bombardement devenu quotidien. Pourtant, le matin du 2 janvier, on avait constaté de grands mouvements dans les cantonnements ennemis. On avait surtout vu beaucoup de voitures, mais le brouillard, les bois nombreux environnant la ville rendaient toute appréciation incertaine. Plusieurs habitants, cependant, avaient émis l'idée qu'il s'agissait d'une relève des assiégeants. Ils ne se trompaient pas. De Wrède, maintenant ramené vers Colmar et Strasbourg, avait prescrit à toute la division Rechberg de le rejoindre à Soppe-le-Bas. A la même date, la colonne Crenneville-Bianchi était appelée de Porrentruy jusque sous Belfort. Le détachement Crenneville, composé de cavalerie, se divisa pour gagner les routes de Besançon et de Vesoul (1). Quant à la division Bianchi, elle s'arrêta devant Belfort (2) afin d'y poursuivre les opérations du siège.

---

(1) La division Crenneville prit des positions d'avant-postes sur la ligne l'Isle-sur-le-Doubs-Arcey-Héricourt-Châlonvillars, envoya des patrouilles sur Lure et laissa à la disposition de Bianchi trois escadrons pour les opérations même du blocus. (SCHELS.)

(2) Elle y arrivait le 2 janvier à 7 heures du matin. (*Id.*)

CHAPITRE III

La deuxième période du Siège

DU 2 AU 15 JANVIER 1814

(1re division de grenadiers des Réserves autrichiennes : lieutt-général Bianchi [1])

La nuit du 2 au 3 janvier fut la première nuit paisible à Belfort depuis celle du 29 décembre. On attribua à la relève exécutée par l'ennemi (relève que tous les indices avaient maintenant confirmée) ce silence inusité de l'artillerie de l'attaque. A la vérité, le dégel survenu ne permettait pas encore de contrôler l'exactitude de la supposition, le terrain étant rendu impraticable à toute reconnaissance. Cependant, la même nuit, un incident survint, qui prouva que les nouveaux adversaires n'entendaient, pas plus que leurs devanciers, demeurer inactifs.

A l'extérieur des remparts, Legrand avait organisé tout un système de postes avancés dont nous donnerons plus loin le détail. Du côté de l'est, au delà de la porte de Brisach, il avait placé une grand'garde de 125 hommes, détachant (ainsi qu'on opérerait aujourd'hui) trois petits

(1) La division de grenadiers Bianchi comprenait trois brigades, chacune à deux régiments de deux bataillons.

postes : un sur la route de Bâle, un sur la croupe montante de la Justice, un sur la route de Strasbourg. Ce dernier, sous les ordres d'un officier, était abrité dans la « glo-

La voûte de la porte de Brisach (côté de la ville).

riette » d'un jardin situé vers l'embranchement de la route de Strasbourg et du chemin de la Miotte. A minuit, sa sentinelle était surprise par une reconnaissance ennemie, et le chef de poste (1) enlevé avec une dizaine d'hommes. Le reste se repliait sur la grand'garde. Celle-ci, aussitôt renforcée, se portait sur l'emplacement de son petit poste d'où, à son tour, elle chassait l'ennemi vers une heure et demie du matin.

Pour répondre à la manifestation offensive de ses adversaires, Legrand, le lendemain, décida qu'un détachement d'une cinquantaine d'hommes du 14e chasseurs exécuterait, sous la protection du feu du Château, une reconnaissance partant par la route de Valdoie et revenant par celle d'Essert. Mais, dès la sortie des chasseurs, un gros de cavalerie ennemie apparut dans la prairie de Cravanche, pendant qu'une autre fraction essayait de se dissimuler sur leur gauche, derrière les buissons avoisinant la ferme des Barres. Heureusement, l'embuscade fut éventée, la reconnaissance rétrograda à temps et l'artillerie de la Place dispersa facilement les cavaliers rassemblés vers Cravanche. Legrand s'était, de son côté, mis en observation au Château. Familiarisé depuis tant d'années avec les uniformes des prisonniers étrangers qui traversaient Belfort, il reconnut qu'il avait en face de lui des troupes hongroises (2). Constatation qui coïncida, du reste, avec celle faite par le chef de la reconnaissance; celle-ci était rentrée n'ayant eu qu'un seul sous-officier blessé.

Malgré ces deux incidents, le départ des Bavarois semblait, nous l'avons vu, devoir donner quelque tranquillité à la place assiégée. Notamment, la période des grands bombardements paraissait close; et, sans un coup de

(1) C'était un sous-lieutenant nommé Angerand, qui avait épousé une Belfortaine de la famille Antonin.

(2) Sans doute avait-on eu affaire à la 3e brigade de la division Bianchi (régiments Davidovitch et Esterhazy) d'origine hongroise.

canon tiré du Château de temps à autre sur quelque groupe ennemi aventuré, on eût pu croire déjà terminée la période violente du siège. Legrand profitait pourtant de ce répit, qu'il sentait provisoire, pour accroître par tous moyens ses ressources.

Ce qui lui manque premièrement, c'est l'argent. Il ordonne de réunir tout ce qui peut exister de numéraire chez les comptables de l'Etat, mais le commissaire délégué à cet effet lui rend compte le 3 janvier qu'il n'y a rien chez le conservateur des hypothèques, rien chez le receveur de l'enregistrement, rien chez le directeur de la poste aux lettres, rien chez le receveur principal des Droits-Réunis : ce dernier, cependant, a consenti à avancer 300 francs à titre personnel. Enfin, chez le receveur des finances, M. Haas (qui fait en même temps fonctions de préposé du payeur de la 5ᵉ division militaire), il n'existe, d'après la propre déclaration du fonctionnaire, « que 7 à 800 écus ». On s'empresse néanmoins de les adjoindre aux 300 francs offerts par le receveur des Droits-Réunis. Mais, pour la lourde tâche entreprise, quelles infimes ressources!

Le 2 janvier, l'emploi de commissaire des guerres a été retiré au maire de Belfort et confié au sous-préfet Mengaud. Legrand qui, dès le premier jour du siège, est hanté par la certitude qu'il lui faudra à bref délai abandonner la défense de la ville pour se retirer au Château, appelle de ce côté l'attention du chef des services administratifs. Celui-ci organise de son mieux les transports : bois à brûler, madriers de blindage, vins et vivres divers sont, sans trêve, charroyés de la ville jusqu'au « fort ». Mais les corvées imposées à la population civile s'exécutent difficilement, les voitures commencent à faire défaut malgré le zèle du sous-préfet : une partie du matériel, notamment les futailles et le bois de chauffage, ne dépassent pas le pied de la rampe d'accès au Château; et, jusqu'à la fin du siège, ils y resteront en plein air, exposés à tous les maraudages.

Au reste, l'accalmie qui avait suivi l'arrivée des Autrichiens ne devait pas durer. Malgré la neige qui s'est remise à tomber, les assiégeants d'aujourd'hui ont continué les travaux entamés par leurs devanciers; ils en ont commencé d'autres, ils élèvent des batteries à gauche de la route de Perouse, puis sur celle de Besançon. Et, le 8, quand tous ces nouveaux préparatifs sont terminés, Bianchi adresse à son tour sa sommation au commandant de la Place.

« *Tout est disposé, Monsieur le Commandant, pour commencer incessamment le bombardement de Belfort, si vous ne jugez de votre intérêt d'éviter un aussi grand malheur aux habitants nombreux de cette ville. Vous le pouvez par la reddition d'une place que les armées combinées ont déjà devancée de plus de trente lieues, et qui sont bien au delà des forces nécessaires pour soutenir des opérations qui, désormais, ne peuvent plus manquer d'avoir ces grands résultats qui font les vœux de toute l'Europe.*

« *Je vous offre des conditions honorables pour les armes que vous servez, avantageuses pour une population qui n'a déjà que trop souffert.*

« *J'ai l'honneur d'être, avec une haute considération, Monsieur le Commandant, votre très humble et obéissant serviteur.*

« BIANCHI,

« *Lieutenant-général*

au service de S. M. l'Empereur d'Autriche. »

Le même jour, Legrand répondait à son adversaire par la brève lettre qui suit. Elle n'avait que quelques lignes : pourtant, sous la plume du vieux soldat, on y voit l'idée de l'honneur militaire et de ses obligations se présenter d'elle-même jusqu'à trois fois.

Monsieur le Général,

« *Aucune considération ne me fera jamais écarter des devoirs qui me sont prescrits par l'honneur. Rendre la place que j'ai l'honneur de commander serait manquer à l'un et à l'autre, puisque j'ai les moyens de la défendre très longtemps. Cette seule raison doit suffisamment vous prouver, Monsieur le Général, qu'il n'y a pas de conditions qui puissent être honorables pour moi et pour la garnison.*

« *Et quant aux habitants, quelque sensible que je sois à leur malheur, il ne m'empêchera pas de remplir mes obligations envers mon Prince et ma Patrie.*

« *J'ai l'honneur d'être, etc....*

« LEGRAND. »

La suite immédiate donnée à cette réponse allait être, dans la nuit du 8 au 9, le plus violent bombardement que la Place eût encore éprouvé. Commencé à minuit, il dura sans interruption toute la journée du 9. Quand il prit fin, à 8 heures du soir, la place avait reçu près de deux mille cinq cents projectiles.

Comme toujours, les ouvrages eux-mêmes avaient assez peu souffert : seule, la charpente d'une des tours bastionnées avait pris feu. La garnison, suivant la coutume, avait été mise sous les armes pendant toute la durée du bombardement; ses pertes, d'ailleurs, tant dans les postes extérieurs qu'à l'intérieur de la place, se bornaient au total de sept hommes tués ou blessés.

Avisée, dès le 8 au soir, des intentions de l'ennemi, la population civile avait été invitée à se réfugier dans les casemates. Pourtant, le bombardement l'éprouva durement. Des femmes furent tuées dans la rue, d'autres chez elles (1). Une dizaine de maisons étaient complètement détruites, d'autres gravement endommagées. Un témoin résumait ainsi, le soir du 9, son impression : « Les ravages de la nuit et de la journée sont immenses ».

Les annalistes locaux (2) du siège de 1814 nous ont laissé, sur l'existence menée par les habitants dans les casemates, des tableaux sans doute exacts, mais dont les nuances varient cependant suivant leurs divers états d'esprit. François Ugonin, négociant notable et conseiller municipal, se plaint, non sans amertume, « du bruit qu'on y fait, de la malpropreté et aussi des méprises commises par quelques personnes, qui prennent les meubles de leurs voisins pour les leurs ». Voici l'aspect du caveau sous la tour bastionnée près du Manège (3) : « Il est confié à la police de Noël Gérard, qui fournit le luminaire et perçoit vingt sous par nuit des personnes aisées

(1) Voici comment un de nos chroniqueurs raconte l'épisode d'un obus tombé, le 9 janvier, sur la maison Paris (au n° 15 de la rue du Petit-Marché) : « ...Vingt-deux personnes étaient couchées dans l'appartement. Un berceau, contenant un enfant, était au milieu. L'obus tombe à proximité du berceau, le soulève, l'entoure de flammes et de fumée et éclate. Plusieurs personnes, effrayées, blessées, jettent des cris lamentables. Morlot, père de l'enfant, se désole, le cherche et ne le trouve pas plus que le berceau qui le renfermait. Celui-ci a été consumé par le feu, mais l'enfant manque. Le père se désole, quand la demoiselle Petitjean lui rapporte le petit poupon qu'elle a sauvé des flammes. Qu'on juge du transport du père! Personne n'a été tué dans cet événement, sans doute parce qu'on était couché.... » (UGONIN.)

(2) Ce sont Ugonin, Triponé, George, Pierron, Descharrières, l'auteur du *Journal d'un Bourgeois*, l'auteur du *Journal d'un habitant de Cernay*, etc., humbles chroniqueurs chez qui plus d'une fois semblent ressuscitées la verve et la couleur naïve de quelque Froissard.

(3) Vieux manège et tour bastionnée existent encore, à l'un des angles de la place de la République.

qui y vont dormir dans le lit qu'elles portent. Là se réunissent 150 à 180 personnes : femmes et enfants de tout état. Les uns causent, les autres rient, les enfants criaillent; on vient, on va, tous toussent. Les matelas

La tour bastionnée du Manège.

sont par terre : une étroite ruelle, où les enfants font leurs ordures, permet à peine le passage. L'un réclame son traversin, l'autre sa couverte. Il faut enjamber par-dessus ses voisins qui sont dans leur lit pour arriver à son gîte. L'un se meurt, l'autre est mort : on le transporte hors du caveau. On crie : *Place! voici un militaire blessé!* Les stalactites gouttent dans le caveau. Un air épais oppresse les poitrines... ».

Dans ses récits, François-Joseph Triponé, notaire, est plus sobre de détails ou plus stoïque. A la première alerte, lui aussi a fait déposer dans un magasin voûté, celui de la tour de la manutention (1), son lit, ceux de sa femme, de son fils Tintin et de son clerc Michel Beaume. A peine à l'abri, voici ce qu'il note brièvement sur son journal, à la date du 27 décembre : « Aujourd'hui, à 7 heures du soir, ma femme est accouchée d'un enfant mâle... ». Sur ses alarmes, ses légitimes anxiétés, les dangers courus, rien. Au début de janvier, c'est l'accalmie. Triponé écrit simplement le 6 : « A 8 heures du matin, Steullet, Tintin et moi avons rapporté ma femme à la maison par une grande pluie... » Le 8, nouvelle alerte, nouveau transport dans la casemate. Et jamais une plainte!

Le 9 janvier, à 8 heures du soir, Legrand recevait de Bianchi une lettre assez confuse, où, dans un style un peu spécial, le général autrichien l'invitait, s'il ne voulait pas rendre le Château, à signer du moins une capitulation pour la ville. La lettre se terminait ainsi : « Veuillez tâcher à ne pas faire plus de mal que nécessaire : la vraie gloire n'en est que plus satisfaite ».

Avec un remarquable esprit d'à-propos, Legrand répondait au général autrichien qu'il ferait examiner, le lendemain, ses ouvertures par le conseil de défense, mais qu'avant tout il lui paraissait opportun de faire cesser immédiatement le feu de part et d'autre. A quoi Bianchi acquiesçait.

Ce fut le colonel Kail que l'on chargea, le lendemain

(1) L'ancienne manutention était située dans le voisinage de la porte de Brisach, sur l'emplacement de l'allée d'arbres actuelle.

soir à 2 heures, de porter à Bavilliers, quartier-général autrichien, le projet de convention élaboré en conseil de défense. Basant, avec une grande habileté, ses propositions sur celles de Bianchi, Legrand acceptait que la place même de Belfort fût neutralisée et interdite aux deux partis. Il était aussi convenu que les assiégeants ne dépasseraient pas, du côté de la ville, leurs lignes actuelles. Mais le Château demeurerait en dehors de toute convention, conservant pleine liberté d'action, et la garnison de Belfort se réservait, avant de l'occuper, un délai de six jours après la ratification des pourparlers.

Il allait donc arriver que le Château, renforcé de tous les moyens de défense et de subsistance retirés de Belfort, protégé par la convention contre toute attaque du côté de la ville, serait finalement occupé par une garnison dont l'effectif, trop faible pour l'ensemble de la Place et de sa citadelle, allait juste correspondre au développement défensif de cette dernière. Une telle convention, suite des imprudentes ouvertures de Bianchi, n'avait de favorable pour les Autrichiens que les apparences, puisqu'elle allait permettre, en fait, à l'assiégé, de renforcer sa situation et de prolonger sa défense dans des conditions inespérées (1).

Tout d'abord, habile à se saisir des premiers avantages qui découlaient de la nouvelle situation, Legrand convenait, le 10, d'un armistice au cours duquel il ne serait pas fait de travaux plus rapprochés du fort et de la Place que ceux existants.

(1) Voir, aux pièces annexes, les textes relatifs aux négociations.

Pendant les 10, 11, 12, 13 et 14 janvier, journées de trêve (1), la curiosité poussa hors des murs un certain nombre de Belfortains. On avait aperçu, aux avant-postes ennemis, des Cosaques à longue barbe « avec des lances de dix-huit pieds de long » (2). Des jeunes gens s'approchèrent jusqu'aux batteries de l'assiégeant, à la Justice, et y burent avec les Cosaques « à la santé de l'Empereur ». Dix-neuf soldats autrichiens, pris par nos avant-postes où ils s'étaient engagés par erreur, furent renvoyés à Bianchi, qui reconnut la politesse en donnant la liberté à trois maraudeurs français capturés. Mais, pendant ce temps, le service des transports entre la ville et le Château était activé sans interruption. Et, le 11, Legrand conviait le sous-préfet et le maire à un dernier effort « pour procurer encore à la garnison quelques vivres, soit dans le faubourg, soit en ville ».

Le 14, enfin, arrivait la réponse de Schwartzenberg aux propositions transmises par Bianchi. Le généralissime exigeait, lui, soit la reddition pure et simple de la ville et du Château, soit, tout au moins, la liberté de passage pour les Alliés à travers la ville.

Il s'ensuivait, en fait, que, dans ce dernier cas, le rôle du Château et de son artillerie se trouverait purement et simplement annihilé. C'étaient là des propositions toutes nouvelles, sans rapport, malgré l'apparence, avec les pour-

(1) Incertain cependant de l'issue des pourparlers et du siège lui-même, Legrand, revenu à son prudent naturel, songeait déjà à dégager, pour un avenir peut-être proche, ses responsabilités. Le 10 janvier, il demande aux commandants de l'artillerie et du génie des rapports succincts par où ils mettront en évidence l'un « le peu de ressources qu'avait la place pour le service des pièces, lors de son investissement », l'autre, le manque de temps, de bras et de moyens dont a souffert, dès le début, le service du génie.

(2) *Revue d'Alsace*, 1875. Ces Cosaques provenaient des troupes de Raïeffsky qui, dès le 9, avaient renforcé les Autrichiens.

parlers primitifs. Legrand ne pouvait que les repousser (1).

Aussi, la nuit suivante, le bombardement (d'ailleurs prévu) reprit-il de minuit 1/4 à 2 heures du matin, et deux cents projectiles environ tombèrent de nouveau sur la Place, mais sans y causer d'appréciables dégâts. C'était une dernière averse, l'orage terminé. Car, dès le lendemain, on observait, du Château, un grand nombre de voitures qui, sortant de Perouse, longeaient les bois (2) jusqu'à Danjoutin pour gagner, par la traverse de Bavilliers, Essert et la route de Vesoul. D'aucuns pensèrent, sans trop l'affirmer, qu'il s'agissait peut-être d'une nouvelle relève des assiégeants. Au vrai, ils ne se trompaient pas.

La division Bianchi, en effet, n'avait été qu'une infime partie du flot montant de l'invasion, qui, d'abord étalé sur toute la haute Alsace, puis contenu un instant au pied des Vosges, s'était ensuite épanché vers l'ouest, au commencement de janvier, par la trouée de Belfort et ses trois cheminements classiques : ceux de Montbéliard, de Belfort et de Giromagny. Schwartzenberg, laissant ses colonnes du centre et de l'aile gauche terminer, à travers la Suisse, leur vaste conversion vers Genève, arrivait le 4 janvier avec son quartier-général à Altkirch, d'où il se portait à petites journées sur Montbéliard (3), Arcey, Villersexel, puis Vesoul (11 janvier). Contournant, à la suite de Schwartzenberg, Belfort par le sud, l'empereur de Russie (4) passait à Montbéliard le 17, l'empereur d'Au-

(1) Voir la pièce annexe n° 11.

(2) Dès son arrivée devant la Place, Bianchi avait fait travailler à deux chemins de colonnes, permettant de la contourner et joignant Bessoncourt à Essert.

(3) Le 6 janvier. (Vaudoncourt.) — Des relations locales affirment que 200.000 Alliés traversèrent Montbéliard en 1814, 40.000 en une seule journée.

(4) Alexandre avait choisi, pour franchir le Rhin à Bâle, le jour du Nouvel-An russe (le 13 janvier, nouveau style).

triche le 23. Le roi de Prusse et le grand-duc Constantin de Russie avaient serré Belfort de plus près, le côtoyant par Danjoutin. En avant des souverains, se déroulaient, sur les routes convergeant vers Langres, les longs rubans des IIIe et Ier corps; autour d'eux et derrière eux s'avançait la masse des Gardes impériale et royale de Russie et de Prusse; à leur droite, les réserves des deux nations allaient se porter par les Errues (carrefour traditionnel de toutes les invasions) sur Giromagny, où elles devaient arriver le 14. Plus au nord enfin, le IVe corps (prince royal de Würtemberg) avait traversé les Vosges le 8 janvier par les deux cols de Bussang et d'Oderen, détachant sur sa gauche un escadron du régiment de hussards Archiduc-Ferdinand, qui, fractionné par Giromagny, Château-Lambert et Faucogney, avait mission de le relier au corps d'investissement de Belfort et au grand quartier-général de Schwartzenberg.

Isolés sur leur rocher, point perdu au milieu de cet océan, les défenseurs de Belfort étaient impuissants à faire obstacle au flot envahisseur autrement que par une résistance passive mais obstinée. Ils parvenaient du moins, et malgré tout, à se renseigner avec précision sur la nature des masses ennemies qui les enveloppaient. Outre la coulée continue d'hommes, de voitures et de bétail qui, devant eux, par la traverse de Danjoutin, gagne Vesoul et l'intérieur de la France, ils connaissent à leurs dates les grands mouvements qui se font par Giromagny; ils n'ignorent pas le passage, dans leurs environs, des trois monarques alliés; et même des bruits imprécis (concordant, chose curieuse, avec ce qu'étaient, à cette époque, les intentions de Schwartzenberg) se répandent, vers le 20, d'une grande bataille qui aurait été livrée sous Langres... En revanche, leurs renseignements relatifs à la relève des assiégeants (qui venait pourtant de s'opérer de nouveau sous leurs yeux) avaient, cette fois, manqué de certitude. Voici ce qui s'était passé.

Aussitôt après son infructueux bombardement du 8, sur un ordre de Schwartzenberg et en prévision de la grande bataille attendue sous Langres, Bianchi avait envoyé vers Vesoul deux de ses trois brigades (brigades Hirsch et Haugwitz). Elles étaient, dès le 9, remplacées devant Belfort par la division Tchoglikoff, prélevée sur le corps des grenadiers de Raïeffsky (Réserves russes). Mais Schwartzenberg, sans doute en vue de projets ultérieurs (Belfort n'avait-il pas été ville d'Empire au XVIe siècle?), tenait par-dessus tout à ce que la place ne se rendît qu'à des troupes autrichiennes. Et, malgré l'arrivée des Russes, Bianchi conserva jusqu'au 15 la direction du siège. A cette date seulement, après l'insuccès définitif des négociations que nous avons relatées et du dernier bombardement dont il les fit suivre, le général autrichien, avec sa troisième brigade (brigade Gualenberg), se mettait en route sur Vesoul pour y rallier le reste de sa division et la Grande Armée de Schwartzenberg. Le commandement du blocus passait au lieutenant-général russe Tchoglikoff.

CHAPITRE IV

La troisième période du Siège

DU 15 AU 17 JANVIER 1814

(1re division de grenadiers russes : lieutenant-général Tchoglikoff [1])

Nous arrivons à un moment du siège où il semble que les troupes des puissances alliées se remplacent devant Belfort comme des figurants sur une scène de théâtre. Après le court séjour des Autrichiens, la division Tchoglikoff allait rester si peu de temps devant la Place, deux jours seulement, que les assiégés (si attentifs cependant à tous les changements qui survenaient chez leurs adversaires) paraissent n'avoir eu, sur la présence des Russes, que les plus vagues indications.

Pendant cette courte période, d'ailleurs, nul incident ne trouble la tranquillité, ni du côté des assiégeants, ni

(1) Tchoglikoff n'eut devant Belfort que trois régiments de grenadiers, auxquels furent adjoints un régiment de cuirassiers et un de Cosaques (Schels). Sa division se composait dans le fait de trois brigades et comptait environ 5.000 hommes (Janson : *Der Feldzug 1814 in Frankreich*). — Les *Réserves russes*, dont elle faisait partie, avaient contourné Belfort par le nord. Leurs gros, partis d'Altkirch le 8, étaient arrivés entre Altkirch et Dannemarie le 10, à Giromagny le 14, à Ronchamp le 15. La division Tchoglikoff, après son court arrêt devant Belfort, rejoignit directement les *Réserves russes* vers Lure.

du côté des assiégés. Vers la mi-janvier, cependant, la vie intérieure de la petite place forte commençait à subir de profondes modifications. Depuis trois semaines que durait l'investissement, les vivres existants, quelque limités qu'en fussent les approvisionnements, avaient pu suffire aux distributions normales. Mais le refus de Schwartzenberg de ratifier la convention qui eût libéré la ville et ses habitants en séparant leur sort du sort du Château et de la garnison, maintenait, dans l'ensemble de la Place, un nombre de consommateurs très supérieur à des ressources que rien dorénavant ne pourrait plus augmenter. Aussi, le 15, Legrand se décidait-il à un premier rationnement pour la troupe. Le taux des distributions de pain était d'abord ramené, du chiffre normal de 24 (1) onces, à 20 par homme. A titre de substitution et vu l'abondance relative des liquides, chaque soldat recevait, pour compenser la réduction subie, un quart de litre de vin, ou un seizième de litre d'eau-de-vie. C'est à la même date que la viande de cheval apparaît pour la première fois dans les distributions. Enfin, pour économiser la farine de froment, on commence aussi à y mêler une forte proportion de farine d'avoine. Mais une première et grosse difficulté se pose à ce sujet : celle de la mouture même des grains.

Belfort, on l'a vu, disposait de deux moulins en temps normal : le Moulin Vieux (2), dans l'intérieur de la ville, le Moulin Neuf, au dehors, tous deux alimentés par le

(1) 600 grammes environ. Actuellement la ration de pain du soldat, après être passée par un maximum de 750 grammes, est réglementairement arrêtée à 675 grammes.

En principe, dès le 21 janvier, les ordres de Legrand avaient fixé les distributions alternativement à 20 et à 16 onces, puis, plus tard, à 12 et à 8 onces. En réalité on se tint toujours au chiffre le plus bas.

(2) Celui-ci existe toujours rue des Bons-Enfants : il était à deux tournants (deux roues, deux meules). Le Moulin-Neuf, plus important, avait trois tournants.

canal de dérivation de l'étang de la Forge. Nous savons aussi que, dès les premiers jours du blocus, le Moulin Neuf avait été détruit par les assiégés eux-mêmes. Or, à

Le Moulin de la ville et l'entrée du canal voûté (état actuel).

son tour, le Moulin Vieux était arrêté le 15 janvier. L'ennemi, en effet, maître de l'étang de la Forge, en avait ouvert subitement les écluses (1), dans l'espoir, soit de détruire le moulin d'un seul coup, soit tout au moins

(1) Schels.

d'en arrêter le fonctionnement par la disette d'eau qui s'ensuivrait. Il n'obtint que ce dernier résultat.

Comme premier remède à ce nouvel embarras, Legrand fit mettre en activité les deux moulins à bras du Château. Mais, situés à l'extrémité de la grande casemate, ils étaient mal placés, exposés aux intempéries et suffisaient à peine à la mouture du seul froment qui entrait (en quantité pourtant restreinte) dans la composition de la ration journalière. Et, pour égruger les avoines, le concours du moulin de la ville était indispensable. Il fallait donc, tout d'abord, y ramener le courant.

Legrand décida de détourner, dans le lit à sec du canal, les eaux toutes voisines de la Savoureuse par un barrage qu'on établirait sous la protection de la Place. Un tel travail, cependant, devait être exécuté en dehors de l'enceinte, sous le feu de l'ennemi, à la merci des crues, si fréquentes pendant la saison d'hiver. Nous verrons avec quelle ténacité il fut, malgré les obstacles, les mécomptes et les dangers, finalement mené à bien.

C'est à cette période que remonte aussi le début de ces réquisitions de vivres qui devaient peser d'un poids si lourd sur les habitants de Belfort. Legrand, contraint d'y recourir, avait pris, au début, des intermédiaires civils : le sous-préfet, le maire, des commissaires choisis parmi la population et qu'appuyait la force armée. Mais bientôt l'opération, pour être conduite sans faiblesse, dut passer aux mains d'un personnel exclusivement militaire. Quoique des bons réguliers fussent toujours délivrés en échange des denrées, mille difficultés surgissaient (1). Seuls, les boulangers de la ville, réunis par Legrand,

(1) Le 18 janvier commença la mise en réquisition des pommes de terre, dont chaque famille était toujours abondamment pourvue. Notons que, bien avant Parmentier, la pomme de terre était cultivée en grand dans la région

avaient décidé spontanément, sur un pressant appel fait à leur patriotisme, d'offrir au commandant d'armes douze sacs de blé, « tout ce dont ils pouvaient disposer dans ce moment de pénurie (1) ».

Dans une garnison et sur une population qu'avaient déjà si durement éprouvées le feu de l'ennemi, les rigueurs de la saison et l'insuffisance de l'alimentation, la mortalité ne pouvait manquer, après trois semaines de blocus, de dépasser sensiblement la moyenne normale. Mais, à ce moment même, les enterrements dans le cimetière de la ville, situé au hameau de Brasse qu'occupait l'ennemi, étaient devenus impossibles. On choisit donc un emplacement le long du rempart, entre le Château et la porte de Brisach, au lieu dit le *Trou du Renard*, où se firent dorénavant toutes les inhumations.

La police intérieure de sa place donnait à Legrand d'autres soucis. Le 16 janvier, il est avisé que l'ennemi a fait entrer des proclamations dans Belfort et « que la plupart des habitants font mille méditations sur leur contenu ». Il met le maire en mouvement pour les rechercher, mais sans grand succès. Des gens suspects profitent de l'état de guerre pour pénétrer dans les maisons isolées du faubourg et tout dévaster : ordre « de les faire appréhender et traduire aussitôt devant un conseil compétent ». Une corvée de cent travailleurs civils doit être quotidiennement mise par le maire à la disposition de l'autorité militaire. Mais, dès le début, les manquants sont nombreux. Il est décidé qu'ils seront remplacés d'office et à

---

de Belfort, ainsi qu'il ressort d'un texte de 1763 (*Manuscrit du docteur Carlhan* : Bibliothèque municipale de Belfort) : « ...La plaine au milieu de laquelle serpente la Savoureuse est remplie de prairies et champs couverts de cailloux ne produisant que peu de seigle et sarrasin, mais beaucoup de pommes de terre... »

(1) *Journal du Siège* : 10 février.

leurs frais, seul moyen efficace de maintenir au complet l'effectif des travailleurs. Peu à peu, dans la Place en état de siège, les divers services, si hâtivement improvisés,

L'intérieur des remparts près de la porte de Brisach (dans le voisinage du *Trou du Renard*).

prennent possession de leurs moyens, les rouages administratifs s'adaptent à des nécessités jusqu'alors imprévues, les organes nouveaux s'engrènent et s'enchaînent, et bientôt, malgré l'ordre de choses changé, l'accoutumance a fait son œuvre et tout va régulièrement fonctionner.

CHAPITRE V

La quatrième période du Siège

DU 17 AU 29 JANVIER 1814

(Brigade autrichienne Schæfer (1))

La brigade du général Schæfer avait été constituée devant Dresde en vue de son incorporation au VIe corps (Wittgenstein). Celui-ci arriva en Alsace le 1er janvier. Détachée le 17 du même mois au blocus de Belfort, la brigade Schæfer y resta jusqu'au 29, date où elle recevait, à son tour, l'ordre de rejoindre la Grande Armée de Bohême (2).

La période de calme qui avait signalé le court passage des Russes se maintint presque jusqu'au bout du séjour de Schæfer. Dès le lendemain de son arrivée, il adressait, suivant un usage maintenant établi, sa sommation aux assiégés. Elle était du reste reçue avec un cérémonial lui-même devenu traditionnel. « Le 18, un parlementaire est arrivé à 10 heures dîner avec le commandant. On lui a fait de la musique et il s'en retourna à 4 heures, les yeux bandés, comme il était venu (3). » Dans sa lettre

(1) La brigade Schæfer se composait de deux régiments d'infanterie, d'une batterie à 8 pièces de 6 livres et d'un détachement de 150 Cosaques du Don laissés par Tchoglikoff.

(2) Schæfer arrivait à sa destination vers la mi-février.

(3) Ugonin.

à Legrand, Schæfer expliquait qu'il avait vu des habitants affamés essayer de franchir ses lignes. Il partait de là pour inviter son adversaire à rendre la ville (qui serait par là même sauvée de la famine), tout en lui offrant de garder le Château, puisque, au vrai, ce Château était à lui seul toute la place forte... Une condition, cependant : le Château s'abstiendrait de tirer sur la ville...

Dans le fait, c'était revenir insidieusement sur les propositions finales de Bianchi, les seules que le grand quartier-général allié eût admises, celles, d'ailleurs, qu'avait déjà refusées Legrand : c'était demander le passage libre par Belfort. De nouveau, le commandant d'armes répondit. Il le fit avec simplicité et, peut-être, un peu d'ironie : « ... L'intérêt des puissances coalisées est sans doute d'avoir la ville de Belfort, celui de la France est de la conserver, mon honneur me fait un devoir de la défendre... ». Sans doute, Legrand reconnaissait que des bourgeois avaient cherché à s'évader de la place. Mais il n'y fallait voir aucun indice d'où conclure au manque de vivres : au fond, ce qu'avaient craint uniquement ces fuyards, c'était un nouveau bombardement. Bombardement d'ailleurs redouté par eux seuls, de tels hommes (quels que pussent être là-dessus les espoirs de l'assiégeant) n'auraient jamais la moindre influence sur l'esprit des défenseurs : « Que peuvent des habitants paisibles, ajoutait Legrand, sur une garnison qui a tout pouvoir et toute autorité? Souffrir et se taire. » Au reste, par une allusion à la succession devenue régulière et fixe des fonctions de son nouveau voisin et à leur durée, sans doute bien indéterminée, Legrand terminait ainsi poliment sa lettre : « Je manifeste... à Votre Excellence les mêmes sentiments qui ont dicté les lettres que j'ai répondues à MM. les généraux alliés qui vous ont précédé dans l'exercice de votre commandement. »

Schæfer ne modifia les dispositions générales de ses prédécesseurs que par la construction d'une redoute nouvelle en travers de la route de Perouse. Voici comment, de son côté, après quelques tâtonnements, Legrand avait établi la répartition de ses forces :

Une compagnie, dont le chef était muni d'une consigne spéciale, était stationnée au Château. Le reste de la garnison était réparti entre le corps de place et les postes extérieurs, qui, sauf le jour de la première alerte (25 décembre), ne furent jamais abandonnés. Ces postes étaient ainsi distribués :

En avant du front de la porte de Brisach, une grand'-garde détachait trois petits postes : un sur la route de Perouse, un sur les pentes de la Justice face aux travaux de l'assiégeant, un sur la route du Vallon. Le chemin de la rive gauche de la Savoureuse (le long du terrain de manœuvres d'aujourd'hui), battu par l'ouvrage de l'Espérance, n'avait pas été gardé. Mais, sur la rive droite, la route du Valdoie était coupée par une barricade à hauteur des bâtiments actuels de l'institution Sainte-Marie (faubourg des Ancêtres). Quant à la rue des Barres et au faubourg de France, ils étaient partiellement dans nos lignes, les deux adversaires s'étant établis face à face *chez Thierry l'ami* et *chez Thierry l'ennemi* (1). Enfin, il y avait encore un poste dans le faubourg de Montbéliard au delà de l'hôpital militaire, et un dernier sur la rive gauche, vers les dernières maisons du Fourneau. Quant au long glacis qui s'étendait entre le pied des Perches et

(1) C'étaient, au premier coude du faubourg de France (vers le n° 48), les propriétés voisines de deux cousins dont le rôle était ainsi déterminé par une appellation vite devenue traditionnelle.

le Château, complètement dominé par ce dernier ouvrage, on n'avait pas cru devoir l'occuper.

Le danger de ces postes extérieurs était de faciliter la désertion parmi les éléments étrangers de la garnison. Le 18 janvier, un groupe de Piémontais disparaissait; le 20, le 24, nouveaux départs clandestins. Il fut décidé que le service des postes extérieurs ne serait plus confié qu'aux seules troupes d'origine française. Les conscrits étrangers provenaient d'ailleurs, nous le savons, des petits détachements logés chez l'habitant. « On s'est aperçu, rapporte à leur propos un témoin du siège (1), que, lorsqu'ils sont pendant la nuit dans les maisons bourgeoises, il y en a beaucoup qui font semblant d'être malades et ne répondent pas à la caisse. » D'où il est décidé qu'on les rassemblera chaque nuit sous les abris des remparts, prêts à toute alerte. Le jour seulement, ils retourneront dans leurs logements afin de s'y reposer. Legrand sait bien du reste, que, pour maintenir tout son personnel dans le devoir, un travail régulier est la première garantie : il prescrit vers la fin de janvier qu'il y aura exercice deux fois par jour : le matin, depuis 10 heures et demie jusqu'à la parade; le soir, de 3 heures à 4 heures. Et il ajoute une prescription qui a son intérêt, puisqu'elle nous montre comment on orientait, en 1814, l'instruction individuelle en vue d'une immédiate préparation à la guerre : « ... Afin de mettre le soldat en état de se servir de ses armes avec succès, il sera particulièrement exercé à la charge, les feux, et croiser la baïonnette. » Mais, pour faire un vrai soldat, c'est l'action morale du chef qui sera toujours l'adjuvant le plus efficace. Citons ici quelques-unes des fortes paroles que Legrand adressait à sa garni-

(1) UGONIN.

son vers la même époque et par où le vieil officier s'élève de nouveau, et tout naturellement, semble-t-il, aux sommets de l'éloquence militaire :

« ... *L'ennemi nous cerne depuis plus d'un mois. Cet espace, quoique long, n'est rien pour des braves. Vous lui avez résisté : ces grands appareils militaires, ces foudres de la guerre vous ont prouvé son impuissance. Vos murs sont intacts, votre forteresse est au-dessus de leurs moyens et votre bravoure au-dessus de tout!*

« ... *De puissants renforts nous arrivent : notre Empereur ne nous abandonnera point...* »

A cette même date du 2 janvier, Napoléon, depuis trois jours déjà, avait quitté Paris pour Châlons-sur-Marne. L'immortelle campagne de France allait commencer.

Sur leur étroit et lointain théâtre, malgré l'accalmie survenue, les défenseurs de Belfort avaient conservé tout leur esprit offensif. Le 20 janvier, c'est l'aventureux commandant de l'artillerie, Lalombardière, qui, avec quelques fantassins du petit poste de la route de Perouse et une dizaine de cavaliers à pied, se jette sur le détachement ennemi de la Justice, le bouscule, et poursuit à coups de bâton un caporal ennemi qui a eu l'audace de le menacer de sa baïonnette... Le 27, 130 hommes de corvée sont envoyés aux vivres dans la direction de Bavilliers, sous l'escorte d'une demi-compagnie en armes. Le petit poste ennemi baraqué sur la route est surpris, son abri brûlé, et l'on ramène de l'expédition, que le canon du Château a vigoureusement appuyée et qui n'a subi aucune perte, trois vaches, une douzaine de sacs de grains, des pommes de terre pour la consommation d'une journée.

Quant à Schæfer et à sa brigade, qui ont l'ordre de partir le 29 janvier, voici donc qu'il va leur falloir quitter Belfort à leur tour et céder la place à d'autres assiégeants... Sera-t-il dit qu'eux seuls s'en iront sans avoir, du moins une fois, brûlé leur poudre?... La veille de son départ, le 28, Schæfer se décide et fait, à toute volée, tirer sur la ville entre 1 heure et 3 heures de l'après-midi. Quatre-vingt-dix à cent projectiles y tombent, détruisant encore quelques maisons, en manière d'adieu... Au reste, pas de morts, pas même de blessés.

Ceux de ces derniers qui provenaient des combats précédents continuaient d'être soignés à l'hôpital militaire, en dehors des murs. Un tel emplacement risquait maintenant de les exposer aux plus fâcheuses éventualités. Legrand, le 23 janvier, chargea le commandant du génie d'aménager, à l'intérieur de l'enceinte, les bâtiments de l'ancien hospice et d'en faire blinder les greniers par des lits de fagots superposés, en vue d'y transférer éventuellement les malades (1). Une autre question, celle des approvisionnements, devenait, malgré les fières réponses adressées au chef des assiégeants, de semaine en semaine plus inquiétante. Le 23, la ration de pain est tombée à 16 onces; on y joint 8 onces d'avoine et, pour la pétrir, une demi-once d'huile. La viande salée (4 onces) et la viande de cheval alternent chaque jour avec les distributions de riz. Le vin seul ne manque pas. Cependant, par la *traverse* de Danjoutin, hors de portée, on voit sans cesse et sans cesse couler le fleuve des fourgons et des voitures de vivres qui vont ravitailler les troupes alliées... Le 19 défile même sous les yeux mélancoliques

(1) Nous avons vu qu'on avait organisé dans le même but une partie des souterrains du Château pour le moment où la garnison utiliserait celui-ci comme dernier réduit.

des Belfortains, tout un gras convoi de bœufs de Hongrie. Le 21 (le blocus continental, par la force des événements, est partout levé), on se raconte que, dans les villages voisins, les ennemis ont fait venir de Bâle du sucre et du café, qu'ils en font commerce, et qu'à Essert et à Danjoutin — tout près — ils ne le vendent que trente-cinq sous... (1). Legrand voulut-il distraire de trop pénibles comparaisons les habitants enfermés dans Belfort, par l'évocation d'un anniversaire déjà glorieux? voulut-il leur prouver qu'après tout, les temps, si durs fussent-ils, s'écoulaient quand même?... Voici ce qu'il leur disait le 24 janvier, mélangeant avec sagacité les félicitations et les admonitions :

« Un mois s'est passé depuis que l'ennemi bloque la place. Votre empressement à satisfaire à mes ordres et tous les sacrifices que vous avez faits pour l'approvisionnement de la garnison sont des preuves de votre zèle et de votre dévouement à notre auguste Souverain et à notre Patrie.

« J'ai établi une police vigilante. Je veille sur vos personnes et sur vos propriétés : que tous les habitants s'adressent à moi avec confiance! Je punirai sévèrement quiconque troublera l'ordre public; quelques vagabonds s'étaient introduits dans les maisons pour piller, je les ai fait arrêter et conduire au cachot.

« Malheur à celui qui, par des propos ou par des actions, manquerait dans cette circonstance à ce qu'il doit en tout temps à l'Empereur, à la Patrie et à ses concitoyens! il n'échapperait pas à ma prompte justice. Habi-

(1) La livre. A l'époque du blocus continental, les prix du sucre et du café s'élevèrent, en France, jusqu'à 10 et 12 francs le kilogramme.

tants de Belfort, des secours sont annoncés. Encore quelques jours de patience et, dans peu, vous serez dédommagés de toutes vos privations...

« LEGRAND. »

CHAPITRE VI

La cinquième et dernière période du Siège

DU 29 JANVIER AU 12 AVRIL 1814

(Détachement autrichien du lieutenant-général Drechsel)

Au vrai, les espérances, un peu hasardées, que Legrand manifestait dans sa proclamation du 24 (1) n'étaient guère en voie de réalisation. Avec Drechsel allait seulement commencer la plus dure période du siège, la plus longue, puisque, commencée le 29 janvier, elle ne devait prendre fin que deux mois et demi plus tard, le 12 avril, date de la capitulation. D'ailleurs, maintenant, l'assiégeant a abandonné l'espoir d'emporter Belfort par la force, ou même par l'effet moral de ses bombardements. Il ne tendra plus qu'à réduire la ville par la famine et va chercher, dans ce but, à rendre les conditions du blocus de plus en plus étroites.

De son côté, l'assiégé n'ignore pas que les alliés sont aujourd'hui au cœur du territoire national, que c'est en Champagne qu'on se bat, que tout espoir d'une prochaine

(1) A noter cependant que ce même jour on avait, de Belfort, entendu le canon du côté de Vesoul et vers Besançon : « Les coups étant très sourds, rapporte le *Journal du Siège*, il a été difficile de bien en préciser les distances... » En réalité, à cette date, d'une part, au delà de Langres se livrait le combat de Bar-sur-Aube, d'autre part, devant Besançon, se poursuivaient les opérations du siège.

délivrance s'ajourne peu à peu et s'efface. Il n'aura donc plus qu'un but : durer. Et, pour cela, il va concentrer son effort à accroître ou à conserver le stock de ses approvisionnements. Des sorties nouvelles s'exécuteront cependant : elles se feront même plus fréquentes, et, loin que leur vigueur soit diminuée, l'une d'elles, celle de Danjoutin (10 février), sera le plus important combat livré pendant toute la durée du siège. Ainsi que toutes les opérations du même genre, elles auront pour but général de garder le défenseur en forme, de contraindre l'ennemi à ne rien ôter de ses troupes d'investissement, et de fixer devant soi, dans la mesure restreinte des moyens existants, tout ce qu'on pourra des éléments adverses. Ainsi seront soulagées (proches ou lointaines) les armées françaises qui combattent en rase campagne, ainsi sera d'abord atteint le but supérieur assigné à tout commandant de place forte. Pourtant, en dehors de cet objet général, les sorties de Legrand en auront un autre, plus étroit, plus modeste aussi, mais, dans la circonstance, capital : faire des vivres. C'est dans ces conditions que s'écouleront les mois de janvier et de février, puis les deux tiers du mois de mars.

Le 20 mars, un armistice est conclu pour permettre aux Français de célébrer paisiblement la fête du roi de Rome. Et voilà qu'après ce court répit, il semble que la défense se soit affaissée, qu'elle devienne plus passive et plus molle. C'en est fini des sorties, l'activité s'est éteinte, la torpeur gagne : dans la famine grandissante, la fin apparaît. Et, le 12 avril, c'est la capitulation.

Nous examinerons successivement les événements survenus au cours des deux phases de cette quatrième et dernière période du siège.

a) Première phase : du 29 janvier au 22 mars

(La période des sorties)

Le détachement du lieutenant-général Drechsel, qui allait maintenant assurer le blocus jusqu'au bout, se composait, au début, de trois bataillons d'infanterie : le 2e bataillon du régiment de Kaiser, le 3e bataillon de ligne et le 3e bataillon de landwehr du régiment de Kollowrath (1). Drechsel, venu de Fribourg, avait franchi le Rhin à Rheinweiler et était arrivé sous Belfort le 28 janvier. Le 29, à 4 heures du matin, il remplaçait la brigade du général Schæfer sur la ligne d'investissement. Mais ce dernier, emmenant avec lui la plupart des canons laissés jusque-là en position, ne lui laissait comme artillerie que trois pièces légères, comme cavalerie que les 150 Cosaques de Tchoglikoff.

La répartition des forces du blocus fut la suivante : A l'est, Perouse était tenu par le 3e bataillon de ligne de Kollowrath, derrière lequel stationnait, à Phaffans, un détachement de 40 Cosaques. Au nord, les villages d'Offemont, de la Forge, du Valdoie, de Cravanche étaient occupés par le 1er bataillon de landwehr de Kollowrath. A l'ouest et au sud, Essert, Bavilliers et Danjoutin étaient gardés par le 2e bataillon du régiment de Kaiser, renforcé à Bavilliers par un détachement de 110 Cosaques et les 3 pièces légères. C'était aussi à Bavilliers que le quartier général de Drechsel avait été établi.

Drechsel s'était tout d'abord borné à faire utiliser, par

(1) SCHELS.

le nouveau corps de siège, les positions déjà organisées par ses devanciers. Pourtant, dès le commencement de février, il entamait à son tour de nouveaux travaux. Au sud de Cravanche, une redoute était élevée au Creux de la Milière, couvrant le défilé de la Combe-la-Dame (1); à la ferme Kloppstein, la coupure sur la route de Bavilliers était améliorée; de même, les batteries de la Perche étaient renforcées, et une tranchée établie sur la route de Perouse, à l'ouest du village. Enfin, une batterie, commencée en février sur les pentes sud de la Miotte, se terminait seulement le 20 mars; sous le coup de cette menace rapprochée, la défense faisait rentrer en ville deux pièces de campagne qu'on avait détachées avec le petit poste de la route du Vallon.

Malgré tous ces travaux, la période des grands bombardements ne devait plus se rouvrir, et l'assiégeant allait en borner dès maintenant l'objet à assurer sa propre sécurité contre les tentatives de son adversaire. Il s'ensuivait que l'intérêt de ce dernier à la destruction de ces mêmes travaux irait, lui aussi, en diminuant. Legrand, néanmoins, en prescrira toujours l'obligation dans les ordres qui précéderont chacune de ses sorties. Mais le véritable but qu'il assignera à ces opérations, leur but essentiel, redisons-le, ce sera, avant tout, de le ravitailler.

Nous étudierons d'abord la série des rencontres qui caractérisent la période comprise entre le 29 janvier et le 22 mars (combats d'Essert-Bavilliers, de Danjoutin, escarmouche du bois de la Perche, escarmouche du Valdoie). Puis nous examinerons dans quelles conditions Belfort, sa garnison et ses habitants durent supporter pendant tout ce temps les rigueurs croissantes de l'investissement.

(1) Chemin sous bois qui conduit de Cravanche à Châlonvillars.

SORTIE DU 29 JANVIER

(Combat d'Essert-Bavilliers, ou de la ferme des Barres)

Par une singulière coïncidence (non préméditée d'ailleurs) (1), Legrand avait ordonné une sortie le jour même où les troupes de Drechsel venaient de remplacer, devant Belfort, la brigade Schæfer, mise en marche sur Vesoul.

La sortie, dirigée vers la région occidentale de la Place, avait comme objet particulier de faire des vivres, accessoirement de détruire les ouvrages élevés de ce côté par l'ennemi, ainsi que le pont de Bavilliers, si l'on y pouvait atteindre (2). Legrand consacrait à l'opération un effectif de 375 hommes (dont 45 cavaliers) avec 3 pièces. Il y adjoignait, pour l'exécution des destructions et des réquisitions, une corvée de 300 hommes sans armes.

Le détachement, protégé comme toujours par l'artillerie du Château, quitta la Place le 29 à 9 heures du matin, en deux colonnes : la colonne de droite (capitaine Corbin, du 11e de ligne) par le chemin des Barres, avait la ferme du même nom comme premier objectif, la colonne de gauche (capitaine Proquez, du 63e) était dirigée par le faubourg de France sur Bavilliers. On avait attaché des officiers de l'état-major de la place à chaque groupe, afin de guider ceux-ci dans une région assez peu connue de leurs chefs, nouveaux venus à Belfort.

La colonne de droite exécuta sa mission avec rapidité, rejeta les avant-postes ennemis de la ferme des Barres dans Cravanche et fit fouiller la ferme et les premières

(1) Contrairement aux suppositions qui furent émises, par la suite, du côté autrichien.

(2) C'est au pont de Bavilliers que la grand'route de Paris franchit le ruisseau de la Douce.

maisons du village, où l'on ramassa du bétail pour cinq jours (1). Dès sa sortie du faubourg de France, la colonne de gauche, avec laquelle marchait l'artillerie et la cavalerie, prit contact avec l'ennemi. Ce dernier avait réparti (ainsi qu'il le ferait aujourd'hui) ses éléments de protec-

La ferme Kloppstein (n° 38 du faubourg de Lyon).

tion en profondeur, ses « avant-postes » étant à l'origine du faubourg (ferme Lapostolest) (2); ses « piquets » sur le chemin de Bavilliers (ferme Kloppstein), ses « réserves » dans Bavilliers (3). Les deux premiers échelons furent bousculés et le détachement français s'avança rapidement sur Bavilliers. Sous sa protection, les travailleurs, dirigés par le capitaine du génie Emon, détruisirent les abris

---

(1) Quatorze vaches, des cochons, des voitures de gerbes (*Revue d'Alsace*, 1885). Les habitants de Cravanche s'étaient retirés avec leurs gros bestiaux dans la forêt du Salbert. (Ugonin.)

(2) Située, à l'époque, à l'embranchement des deux grand'routes de Paris et de Lyon. C'est la propriété Stractman actuelle.

(3) Schels.

organisés par les assiégeants dans les deux fermes, et firent rentrer dans la Place les vivres qu'ils y trouvèrent.

Mais Drechsel, à son tour, faisait marcher contre notre colonne de gauche ses réserves de Bavilliers (3 compagnies du régiment de Kaiser : 400 hommes, 3 pièces d'artillerie légère). En même temps, notre colonne de droite était prise à partie par les autres troupes de l'investissement sorties de toutes leurs positions : c'étaient le détachement de Cosaques, la compagnie du régiment de Kaiser qui était à Essert, la compagnie de landwehr de Kollowrath qui occupait Cravanche, c'était enfin une fraction du régiment de Colloredo (quatre compagnies), dernier élément de la brigade Schæfer en train d'évacuer ses positions, et qui avait été arrêtée, entre le Valdoie et Essert, par l'attaque inopinée des Français. La ferme contenance de notre infanterie, l'habileté avec laquelle le lieutenant d'artillerie Le Marquant avait conduit le tir de ses pièces, enfin l'intervention énergique des chasseurs et de leur chef, le capitaine adjudant-major Robert (1), qui tua de sa main un officier ennemi, permirent aux troupes de la sortie de rétrograder sans précipitation jusque sous les murs de la Place, où elles rentraient à 4 heures du soir, leur mission presque entièrement exécutée. Elles avaient perdu 6 tués, 70 blessés et 5 prisonniers; de leur côté, les Autrichiens accusaient 10 morts, 39 blessés, 10 prisonniers, 1 disparu.

A cette même date du 29 janvier, Napoléon, en Champagne, battait Blücher à Brienne et le rejetait sur Schwartzenberg. Réunis d'une façon effective pour la première fois depuis leur court contact de Langres, les deux géné-

(1) L'adjudant-major Robert, l'adjudant sous-officier Schneider, du 14e chasseurs, sont cités par Legrand « comme s'étant parfaitement bien conduits ». (*Rapport du 22 mars.*)

raux repoussaient à leur tour l'Empereur, le 2 février, de la Rothière sur Troyes.

Le 5, devant Belfort, Drechsel, aussitôt renseigné, prenait texte de l'événement pour envoyer à Legrand un parlementaire, le capitaine ingénieur Gernsdorf (1), chargé de le convaincre de l'inutilité de prolonger encore sa défense. Sans se lasser, Legrand répondait : « ... La nouvelle de victoires remportées par les armées alliées ne peut influer sur la résolution que j'ai prise de défendre jusqu'à la dernière extrémité la place qui m'est confiée. Quelques malheurs ou revers passagers, loin d'abattre l'énergie des Français, ne serviront qu'à redoubler leur courage et leur dévouement pour leur souverain et la patrie. »

Le bruit d'une défaite subie par Napoléon n'avait pas tardé à transpirer parmi la population civile : « On parle bas, dit Ugonin, d'une bataille qui a eu lieu à Bar-sur-Aube le 4... On confirme la prise de 45 canons aux Français et de 15.000 des leurs restés sur le terrain.... » A de tels récits, les bourgeois s'émeuvent, mais les officiers s'enferment dans une narquoise impassibilité. Pourtant, le soir, à l'heure des repas, quand on traverse hâtivement les rues désertes, on les entend avec scandale qui chantent à table. Et quelles chansons! Voici celle que note en passant notre annaliste, d'un seul mot, évocateur et consterné : « ...*Le* Ça ira *ironique d'un dîner....* »

Cependant, après la Rothière, les deux généraux coalisés s'étaient de nouveau séparés pour marcher en même

(1) « ...Il a proféré en quittant la ville : Messieurs, j'espère sous peu revenir vous voir sans bandeau sur les yeux, le rameau d'olivier à la main » (Ugonin). — Parlementaire au cours du siège, commissaire au moment de la capitulation, chef des divers services autrichiens pendant l'occupation, l'idyllique ingénieur fut le représentant attitré et, semble-t-il, le bras droit de Drechsel pendant toute la campagne.

temps sur Paris, Blücher par la vallée de la Marne, Schwartzenberg par celle de la Seine.

Napoléon, « à l'affût comme un tigre prêt à saisir sa proie (1) », suivait avec une joie croissante la faute commise par ses ennemis. Il se jette d'abord sur Blücher et l'armée de Silésie, qu'il détruit ou disperse aux cinq journées de Champaubert (10 février), de Montmirail (11), de Château-Thierry (12), de Vauchamps (14). Puis il fait face à Schwartzenberg.

Nous verrons plus loin avec quels échos le bruit de ces batailles illustres parvenait aux défenseurs enfermés dans la petite place alsacienne. C'est d'ailleurs vers cette même époque, entre la journée de Château-Thierry et celle de Vauchamps, que se situe sous Belfort, le 13 février, le plus important des combats qui devaient y être livrés en 1814 : celui de Danjoutin.

SORTIE DE DANJOUTIN (13 février)

Outre son but essentiel, toujours le même : faire des vivres, Legrand s'était donné comme objectif particulier, pour le 13, la destruction du pont de Danjoutin, sur la Savoureuse.

Remarquons à ce propos que le succès d'une telle opération (de même nature que celle entreprise le 29 janvier contre le pont de Bavilliers) eût tout d'abord causé les plus graves préjudices aux transports des armées alliées, dont les itinéraires, contournant Belfort par le sud, se seraient ainsi trouvés coupés. Si lointaine, si isolée que fût ainsi l'action réduite de Legrand, il collaborait néces-

(1) Thiers.

sairement par là-même, par la seule manifestation de son esprit offensif, à l'ensemble de la grande mission générale.

Mais nous devons croire que, le 13 février, Legrand avait aussi envisagé un résultat pour lui plus immédiat, car, le pont de Danjoutin détruit, c'était le corps de siège coupé en deux, c'était la possibilité donnée à l'assiégé d'une offensive rapide contre l'une des deux fractions de l'ennemi, pour un temps séparées. Ainsi, ayant ouvert par la force le cercle de l'investissement, on pourrait provoquer l'afflux rapide des vivres existant à l'extérieur, on remédierait aux préparatifs si insuffisants des débuts du siège, on prolongerait enfin, avec de tout nouveaux espoirs, la résistance... Telles étaient (on peut le penser) les visées lointaines du commandant d'armes, puisqu'il se décida à consacrer à l'opération du 13 février l'effectif, très considérable pour sa garnison, de 600 hommes, dont 40 cavaliers, avec 3 pièces.

Le village de Danjoutin, à l'époque situé tout entier sur la rive gauche de la Savoureuse, devait être attaqué simultanément par quatre colonnes. La colonne de droite (150 hommes : capitaine Miroufle, du 93e) avait pour objectif la partie ouest de la localité et le pont; la colonne du centre (150 hommes, une pièce : capitaine Faure, du 5e) devait attaquer le village de front et, par sa gauche, observer les chemins de Meroux et d'Andelnans et se lier à la colonne de droite; la colonne de gauche (150 hommes, 40 cavaliers, 2 pièces : capitaine Junter, du 63e) déboucherait directement du Château sur les hauteurs des Perches, chasserait l'ennemi de celles-ci, puis déborderait ensuite Danjoutin par l'extrême gauche, en laissant en position aux Perches les deux pièces d'artillerie soutenues par 50 hommes. Toutes les troupes chargées d'attaquer Danjoutin étaient mises sous les ordres du capitaine Lindes. Enfin, une diversion devait être dirigée sur Perouse par un détachement d'une centaine d'hommes du 79e (capitaine Kersalé). Le mouvement général devait commencer à 9 heures du matin.

Les colonnes de droite et du centre marchèrent vigoureusement sur le village de Danjoutin. La colonne du centre rejeta d'abord les vedettes ennemies sur leur piquet, établi en travers du chemin qui longe le pied des Perches, et qui était coupé par une tranchée. Celle-ci fut comblée avec des fascines, puis les deux colonnes abordèrent le village et refoulèrent sa garnison, deux compagnies du régiment de Kaiser, à travers ruelles et jardins jusqu'au pont, où des retranchements élevés à l'avance arrêtèrent l'élan des assaillants.

Mais auparavant, à la colonne de gauche, le détachement du 14e chasseurs (1), qui avait d'abord gagné du terrain en se masquant par les bâtiments brûlés du Moulin Neuf, à l'extrémité du faubourg du Fourneau, se jetait à l'improviste sur les vedettes et les piquets ennemis du mamelon des Perches. Ceux-ci, complètement surpris, essayèrent en vain de se défendre à coups de baïonnette : ils furent dispersés, et les chasseurs leur firent du premier choc 32 prisonniers. Derrière les cavaliers, notre infanterie gagnait rapidement la hauteur et ses deux pièces, mises en position au sommet, appuyaient l'attaque en agissant contre la partie de Danjoutin qui, au pied du mamelon, échappait aux vues directes du Château.

(1) Commandé, comme à la journée du 29 janvier, par le capitaine-adjudant-major Robert qui, après avoir eu un cheval tué sous lui, se battit corps à corps avec un sergent ennemi et le terrassa. L'adjudant-sous-officier Schneider, du même régiment, fut grièvement blessé le 13 février et mourut des suites de ses blessures.

Enfin, le détachement chargé de la diversion sur Perouse se portait contre la hauteur de la Justice, occupée par un poste autrichien, refoulait celui-ci jusqu'au village et, par ses menaces contre ce dernier, y maintenait, conformément à sa mission, des forces ennemies qui semblaient importantes (1).

Malheureusement, sur la droite, l'offensive française était arrêtée au pont sur la Savoureuse. Une 3e compagnie du régiment de Kaiser était accourue de Bavilliers avec une pièce de 6 et un obusier de 7 au secours des deux compagnies de Danjoutin et avait ouvert contre notre flanc droit un feu violent. A notre tour, nous fûmes ramenés sur la lisière nord-est du village, à peu près dans la direction par où les attaques allemandes de 1871 devaient plus tard le tourner. Nous nous rabattîmes sur les Perches, puis sur Belfort, protégés par l'artillerie du Château, dont le feu, au cours de l'action, ne s'était pas interrompu. Le pont de Danjoutin n'avait pas été détruit : nous ramenions, par contre, quelques têtes de bétail et une certaine quantité de grains (2). Nous avions perdu 6 morts, 6 prisonniers, 46 blessés dont 5 officiers (capitaine Robert, lieutenant Arnaud (3), sous-lieutenant Etienne, tous trois du 14e chasseurs, sous-lieutenant Bécherel, du 11e de ligne, capitaine Mirouflc, du 93e). Les Autrichiens avaient une dizaine de tués, 32 prisonniers et une trentaine de blessés (4).

(1) Elles l'étaient, en effet, puisqu'elles se composaient, au dire des rapports autrichiens, de quatre compagnies du régiment de Kollowrath et de quatre compagnies du régiment de Vogelsang (v. p. 124, note 1) qui furent ainsi complètement immobilisées par la démonstration du capitaine Kersalé.

(2) Deux bœufs, une vache, cinq genisses ou veaux, huit moutons, trois porcs et six sacs de grains. Une voiture de blé avait dû être laissée, faute d'attelages, au pouvoir de l'ennemi.

(3) Mort des suites de ses blessures (MARTINIEN).

(4) Legrand (*Journal du Siège*) estime leurs pertes à 200 hommes, ce qui paraît fort exagéré.

Le matin du 13, avant l'action, Legrand avait annoncé à ses troupes, dans une courte proclamation, le but de la sortie projetée. En même temps, il leur recommandait d'observer, au cours de la journée, la plus exacte discipline. Prescription non superflue quand il s'agit d'une opération de ravitaillement, qui ne va guère sans quelque désordre. Dans le fait, et malgré toutes les précautions, les troupes furent suivies, le 13, par les éléments les moins recommandables de la population belfortaine, et ceux-ci se livrèrent, à Danjoutin, à des actes de pillage qui ne laissèrent pas de paraître aux bourgeois de la ville d'un présage inquiétant. Legrand, par d'énergiques mesures prises contre les perturbateurs, et que nous exposerons plus loin, ramena d'ailleurs très vite la tranquillité dans les esprits (1).

A la suite de la journée du 13, il félicitait ses troupes de leur belle attitude et leur accordait une ration supplémentaire d'eau-de-vie. Pourtant, le chiffre inusité de ses prisonniers n'était pas, vu la pénurie des vivres, sans l'embarrasser singulièrement. Un trompette ayant pris à lui seul cinq Autrichiens, ses camarades lui avaient bonnement suggéré, pour tout simplifier, de les tuer sur place... Bien entendu, l'homme s'y était refusé, mais Legrand se hâta d'entamer avec Drechsel des négociations en vue d'un échange général. Les pourparlers traînèrent (l'ennemi, sans doute, ayant déjà évacué vers l'arrière ses prisonniers belfortains) et ne prirent fin que le 21 mars par le renvoi, sans conditions semble-t-il, des Autrichiens encore retenus dans la Place (2).

(1) UGONIN.

(2) Au total à cette date, 48 des nôtres étaient tombés aux mains de l'ennemi. En regard, nous avions pris aux Autrichiens 44 hommes, dont il ne restait plus que 34 présents, 3 étant malades à l'hôpital, 6 décédés, 1 évadé.

Du haut des murailles, où ils ne manquaient pas d'affluer en spectateurs à chaque sortie, les Belfortains commentaient avec passion les mouvements exécutés sous leurs yeux, et une critique, parfois sans indulgence, ne manquait pas de clôturer, de leur côté, chaque opération. « Un vieux militaire », au rapport d'Ugonin, exprime sévèrement, le soir du 13, son sentiment sur la manœuvre : « On aurait dû attaquer par la droite..., notre artillerie avait suivi de trop loin..., nos soldats n'avaient point d'officier supérieur avec eux pour ordonner à temps, suivant les occurrences.... » Rangeons-nous sur ce dernier point à l'avis du « vieux militaire » : un simple capitaine, en vérité, était peu qualifié, malgré la désignation faite, pour centraliser un commandement de cette importance. Néanmoins, l'offensive imprévue de Legrand avait tout d'abord profondément désorienté Drechsel. Pendant la journée du 14, on ne cessa de voir les troupes autrichiennes sortir de leurs cantonnements et se livrer, notamment sur les hauteurs d'Essert et de Bavilliers, à des marches et à des contre-marches qui ne prirent fin qu'à la nuit, le canon du Château étant intervenu. Au reste, rien n'avait été entrepris contre la Place (1).

Vers cette époque de la mi-février, Napoléon venait d'abandonner Blücher, plus d'à moitié détruit, pour se retourner contre Schwartzenberg, en marche sur Paris par la vallée de la Seine. Il le battait le 17 à Mormant, le 18 à Montereau. Vingt-cinq mille prisonniers alliés, renvoyés vers l'arrière, traversaient la capitale par les grands boulevards, au milieu de l'enthousiasme des Parisiens.

A Belfort, malgré les sévérités du blocus, quelque chose

(1) A cette époque — curieux rapprochement — le théâtre de l'Impératrice (actuellement l'Odéon) donnait une pièce aujourd'hui bien oubliée : *les Héroïnes de Belfort.*

filtrait de ces grands événements, mais avec quelles déformations! « ... On dit que 300.000 Espagnols battent les Anglais et volent au secours de Paris. Les ennemis sont menés battant jusqu'à Langres... Ils enlèvent les vins de Bourgogne, les vaches, etc..., pour les faire passer en Allemagne... Ils doivent passer à Belfort pour s'en retourner par Bâle, qui se prépare à leur refuser le passage... (1). »

ESCARMOUCHE DU BOIS DE LA PERCHE (21 février)

Il se produisit, le 21 février, un incident sans grande importance, mais dont le commandant d'armes voulut tirer parti pour rappeler tout son personnel à l'observance de l'étroite discipline qui, dans une place forte plus qu'ailleurs, doit régir toute opération militaire.

Dans l'après-midi du 21, un chasseur à cheval du poste français du Fourneau, pris de boisson, était allé provoquer par gestes les Autrichiens réinstallés aux Perches après le combat du 13. Ceux-ci le fusillèrent, l'homme tomba et fit le mort, on courut le relever, il advint que son sauveteur fut blessé grièvement. Mais, entre temps, la fusillade s'était allumée sur toute la ligne, les artilleurs du Château avaient pris d'eux-mêmes part à l'action, et il semble qu'à ce moment bon nombre d'habitants de Belfort, curieux comme toujours du spectacle, aient réussi à pénétrer au Château par la porte de communication avec la ville. Quoi qu'il en fût, à la suite de l'échauffourée, le commandant d'armes prononça, sur enquête de l'adjudant de garnison, de sévères sanctions. Le lieutenant

(1) *Journal de Jean-François Ugonin* : 17 février.

Barthélémy, chef du poste de Fourneau, eut huit jours d'arrêts de rigueur, les canonniers du Château, qui avaient tiré sans ordres, furent punis de prison, et le sergent de garde à la porte de communication fut mis pendant quatre jours au cachot « pour avoir négligé sa consigne, de manière à laisser encombrer le fort d'individus inutiles dans l'après-midi du 21 courant ». Legrand rappelait à chacun, à ce propos, que l'initiative des actes d'hostilité (sauf cas exceptionnels dont on devrait rendre compte) n'appartenait qu'au commandant d'armes « qui, seul, avait le droit de les méditer et de les ordonner ».

Ce même jour du 21 février, Napoléon envoyait de Nogent-sur-Seine, vers un autre et lointain théâtre, des ordres dont l'exécution réalisée aurait eu les plus définitifs résultats par la libération de Belfort. Nous voulons parler du mouvement prescrit à l'armée d'Augereau, qui venait de se constituer aux environs de Lyon.

Dès les débuts de l'invasion, dans le grand mouvement circulaire exécuté par les coalisés à travers la Suisse, la division légère Bubna (6.300 hommes), à l'extrême gauche, avait eu comme objectif Lyon, le IIe corps autrichien (Aloys de Lichtenstein : 12.600 hommes), à sa droite, Besançon. Vers la mi-février, Bubna n'avait pas dépassé Bourg et Lichtenstein était encore arrêté aux sièges de Besançon et d'Auxonne.

En face d'eux, Augereau, qui s'était lentement rassemblé à Lyon avec des forces supérieures (28.000 hommes), avait reçu la mission de réoccuper Genève et d'aller ensuite s'établir sur la route de Bâle à Langres, afin de couper la ligne de communication de Schwartzenberg.

Le rôle nécessairement dévolu, dans une telle manœuvre, au point d'appui conservé de Belfort (précisément interposé entre Bâle et Langres) ressortirait avec clarté d'un simple examen de la carte. Pourtant, le mouvement imposé à l'armée de Lyon n'est pas sans éveiller, d'autre part, de suggestifs rapprochements avec une opération plus proche de nous, plus célèbre — plus désastreuse aussi — nous voulons parler de la manœuvre de l'armée de Bourbaki qui, venu comme Augereau du sud, avait pour objectif, en janvier 1871, le déblocus de cette même place de Belfort. Ce n'est pas ici le lieu d'insister sur des comparaisons et des développements qui dépasseraient le cadre de la présente étude. Indiquons cependant au passage (dans un ordre d'idées plus modeste) que des analogies tactiques d'une commune nature, conséquence inévitable de l'identité des théâtres d'opérations, donnent aux divers combats qui furent livrés sous Belfort en 1814, en 1815, et même en 1870, d'indéniables et frappantes similitudes. Tant il vrai que, malgré la succession des époques et la diversité apparente des moyens, les faits de l'Histoire, ceux de l'Histoire militaire surtout, ne sauraient échapper, s'ils se modèlent sur les mêmes nécessités et les mêmes terrains, à la loi traditionnelle des recommencements.

Résumons l'opération, d'ailleurs avortée, d'Augereau. Sous le coup de fouet de la célèbre lettre que lui avait envoyée Napoléon le 21 février (1), il s'était enfin mis en marche, d'abord en deux colonnes, l'une sur Genève, l'autre sur Bourg, puis franchement, avec toutes ses for-

(1) « ...Il n'est plus question d'agir comme dans les derniers temps. Il faut reprendre ses bottes et sa résolution de 93... »

ces, sur Vesoul par Poligny. L'alarme fut grande chez les coalisés. Déjà le prince Aloys de Lichtenstein, qui assiégeait Besançon, avait renvoyé sa grosse artillerie sur Bâle et fait reconnaître, à Baume-les-Dames, une position de repli (1). Mais Schwartzenberg, malgré ses échecs en Champagne, malgré sa récente défaite de Montereau, n'hésita pas à s'affaiblir au profit des éléments détachés en Franche-Comté. Une « subdivision d'armée » fut constituée le 25 février sous les ordres du prince de Hesse-Hombourg, et portée à grandes journées sur Poligny. Augereau, huit jours avant, n'eût trouvé devant lui que des forces inférieures et disséminées. Mais, le 6 mars, attaqué à Poligny par l'avant-garde du prince de Hesse-Hombourg, il s'arrêtait, hésitait, puis finalement rétrogradait sur Lyon. Comme plus tard en 1871, la *manœuvre sur les communications* avait, en 1814, complètement échoué.

Il ne paraît pas que les défenseurs de Belfort se soient doutés à aucun moment du rôle capital auquel ils avaient failli être appelés. Pourtant, parmi les mille rumeurs qui alimentent la « fièvre obsidionale » de la petite cité, citons celle-ci, la plus curieuse, que nous rapporte, à la date du 23 mars, notre consciencieux annaliste Ugonin : « ... M. Foltz dit avoir reçu la nouvelle de Vesoul que le vice-roi de Rome (2) est arrivé avec une armée à Genève qu'il a délivrée des alliés, auxquels il a fait 30.000 hommes prisonniers, que de là il a gagné Seignelégier en vue de venir occuper les gorges de la Birse et de Porrentruy pour couper la retraite aux ennemis et

(1) Weil, *Campagne de 1814* (t. II).

(2) Il s'agit du vice-roi d'Italie, Eugène de Beauharnais. L'hypothèse le supposant parvenu dans le sud-est de la France était en effet parfaitement admissible de la part de gens qui, depuis l'investissement de Belfort (décembre 1813), ignoraient tout de la formation de l'armée d'Augereau et de l'organisation donnée aux forces françaises dans le Midi et en Italie.

venir au secours des villes d'Alsace » ... Genève-Seignelégier-Porrentruy-Belfort : un tel intinéraire serait exactement parallèle à celui qui a été fixé à Augereau; dans les deux cas, la manœuvre aurait été la même, et la supposition qu'a transmise le sieur Foltz (ou plutôt celle qu'a sans doute créée de toutes pièces l'instinct intuitif de l'imagination populaire) n'a déformé qu'en apparence les réalités.

Le 12 mars, Drechsel, obstinément, envoyait une nouvelle sommation à Legrand. Une fois de plus, le vieux soldat y faisait une réponse négative (1).

ESCARMOUCHE DU VALDOIE (15 mars)

Nous avons vu que l'ennemi avait coupé le canal des moulins, émissaire de l'étang de la Forge, et qu'on avait entrepris, pour l'alimenter de nouveau, un barrage en travers de la Savoureuse; l'opération s'exécutait sous la protection de deux pièces de campagne (2), en position dans l'ouvrage de l'Espérance. Jusqu'au milieu de mars,

---

(1) Legrand s'exprimait ainsi : « Monsieur le Général, j'ai médité, j'ai calculé autant qu'il m'a été possible, dès le jour de l'investissement de la place de Belfort, les maux, les dangers, les privations, auxquels la garnison et les habitants seraient exposés pendant le blocus, et je puis dire que ce n'est que dans la bravoure des uns et la résignation des autres, qui ne se sont point encore démenties, que j'ai trouvé les ressources nécessaires pour remplir les devoirs que l'honneur m'impose et que la Patrie a le droit d'attendre de nos efforts communs.

« J'ai eu l'honneur de faire part à Votre Excellence de l'intention que j'avais de défendre la place qui m'est confiée jusqu'à la dernière extrémité, et c'est pour mériter encore plus l'estime dont vous m'honorez que je dois persister dans la même intention.

« Je désire, Monsieur le Général, autant que je l'espère, que, par le premier parlementaire, vous m'appreniez que la paix est faite entre nos deux souverains, les Français et les Autrichiens ne sont pas nés de (*sic*) ne se parler qu'à coups de canon.

« Agréez, etc.

« LEGRAND ».

(2) V. p. 126.

l'ennemi n'avait inquiété les travaux que par une mousqueterie intermittente partant de la Forge. Mais, dans la soirée du 15 (1), ses manifestations devinrent plus sérieuses. Des groupes d'infanterie apparurent aux lisières du Valdoie, en marche dans la direction du barrage et de Belfort, puis deux compagnies de cavalerie, sorties elles aussi du village, se déployèrent à la hauteur des fantassins.

Ausitôt, un détachement composé d'infanterie, de cavalerie et de deux pièces de 4 fut porté, sous les ordres de Lalombardière, à la chapelle de Lorette (2), en avant du poste du faubourg des Ancêtres. En même temps, l'artillerie du Château ouvrait le feu dans la direction de Cravanche (3), contre un état-major qu'on voyait en mouvement, et qui parut être celui de Drechsel (4). Devant la ferme attitude des Français, qu'animaient la présence et les vives exhortations de Lalombardière, la démonstration ennemie ne poussa pas plus avant.

Cependant, au moment de la rentrée des nôtres dans la Place par la porte de France, l'infanterie ayant pris les devants, les deux pièces, un instant isolées, furent menacées sur leur flanc par des groupes autrichiens (c'étaient des chevau-légers de Kaiser) (5) qui, descendus de la ferme des Barres, cherchèrent, d'ailleurs vainement, à leur couper la retraite. A la suite de cet incident, Legrand prescrivait dès le lendemain au commandant du génie de faire améliorer les coupures établies en tra-

(1) A 4 heures de l'après-midi.

(2) A l'embranchement actuel de la rue de Mulhouse et du faubourg des Vosges.

(3) Quelques coups de canon, tirés aussi dans la direction de Bavilliers, arrivèrent jusqu'au village et atteignirent les maisons où était établi le quartier général autrichien. (Schels.)

(4) *Mémoires de Triponé.*

(5) V. p. 124.

vers de la rue des Barres (1) afin d'arrêter plus sûrement toute nouvelle tentative ennemie de ce côté.

PETITS BOMBARDEMENTS DU 16 ET DU 18

Dans la nuit du 15 au 16, l'assiégeant (pour la première fois depuis un mois et demi) bombarda la ville à obus et à boulets, entre minuit un quart et deux heures du matin. Le feu partait d'une batterie établie sur la route de Bavilliers, à la maison Kloppstein, qu'on avait armée de deux obusiers et de deux canons de 6 (2) : contre-battues énergiquement par l'artillerie du Château, les pièces ennemies firent peu de mal à la ville. Le surlendemain, de 1 heure à 2 heures du matin, une quinzaine de coups de canon étaient de nouveau tirés, prenant surtout comme objectif, cette fois, l'ouvrage de l'Espérance.

Dans le fait, avec une artillerie si restreinte, les tentatives de bombardement de Drechsel devaient forcément se réduire à des menaces. Mais, dans la Place, où la mémoire des sinistres nuits de décembre et de janvier était demeurée vivante, les habitants, incertains de ce qui les attendait, éprouvèrent de nouveau les plus vives alarmes. On affirmait que cette reprise de la canonnade ennemie était le résultat des provocations de la veille... A la sortie du 15, le fougueux Lalombardière, monté, non loin de la chapelle de Lorette, sur l'affût d'une de ses pièces, n'avait-il pas, tel un héros d'Homère, injurié l'ennemi

(1) « ...Je vous prie, mon cher monsieur Emon, de faire établir aussitôt que possible quelques barrages ou chevaux de frise dans la rue dite de la Synagogue... » (*Legrand au commandant du génie : 16 mars.*)

(2) SCHELS.

du geste et de la voix (1)? Cette fois, les plaintes parvinrent à Legrand sous la forme d'un mémoire signé par les principaux citoyens. Dans un langage mesuré, mais non sans adresse, on insinuait au commandant d'armes qu'on n'ignorait pas que les hostilités du 15 « n'avaient pas été le résultat de ses ordres, mais bien de ceux d'un officier supérieur de cette garnison... qui, suivant le bruit public, verrait avec satisfaction brûler la ville entière... ». Et, pour finir, on demandait à Legrand (en se gardant d'appuyer au delà de ce qu'il fallait), « de vouloir bien, comme seule autorité militaire de la Place, accorder protection aux bourgeois, et les sauver à l'avenir d'un bombardement provoqué sans nécessité... ».

SUSPENSION D'ARMES (20 mars)

Legrand voulut-il, à la suite de cette manifestation, donner à la population civile la compensation de quelque répit? Nous l'ignorons. Quoi qu'il en soit, il saisissait, peu de jours plus tard, l'occasion qui se présentait de fêter la naissance du roi de Rome (20 mars), pour députer à Drechsel ses parlementaires habituels : Kail et Emon. Ils avaient pour mission de demander une suspension d'armes « afin de célébrer tranquillement cet anniversaire (2) ». Si la proposition était accueillie, l'arrêt des hostilités durerait, les 20 et 21 mars, de midi à midi; Drechsel consentit.

Te Deum solennel, salve de vingt et un coups de canon, revue des troupes par le colonel Kail et grande parade le

(1) On l'accusait « d'avoir voulu faire croire aux assiégeants que les bourgeois prenaient part à la défense, et d'avoir crié : « Courage, braves habitants de Belfort : ne craignez pas ces cochons, ces coquins, etc... » (TRIPONÉ).

(2) *Journal du Siège.*

matin du 21 : rien ne manqua à la cérémonie (1). Le soir, la fête se terminait par le banquet traditionnel dont le menu, en un tel temps de famine, devait être singulièrement simplifié. Ce qui n'empêcha pas civils et militaires d'y fraterniser « au milieu des toasts à la perpétuité de la dynastie napoléonienne sur le trône de l'Empire français et aux succès de ses armes (2) ».

... Quarante jours plus tard, le 30 avril 1814, celui qu'on venait de fêter ainsi, le roi de Rome, entrait vers 4 heures du soir, avec l'impératrice Marie-Louise (3), dans cette même ville de Belfort. Mais maintenant c'étaient les alliés qui l'occupaient, et ce jour était le dernier que l'Aiglon allait passer en terre française. Le lendemain, il était remis, à Huningue, entre les mains des commissaires de l'Autriche.

Au cours de la longue période qui s'était écoulée du 25 janvier au 20 mars, il fut pris, dans l'intérieur de la Place, des dispositions diverses qu'il nous faut maintenant signaler.

Le dégagement des abords de la fortification, si incomplètement réalisé au début du siège, fut mené activement, surtout vers la porte de Brisach. De ce côté, en effet, les

(1) Les bourgeois avaient profité du beau temps et du retrait jusqu'au Valdoie des postes ennemis pour aller, hors des murs, visiter leurs champs demeurés tristement en friche malgré l'époque revenue des labours, ou pour quérir, dans leurs jardins dévastés, quelque subsistance échappée par fortune aux maraudeurs. Beaucoup d'habitants poussèrent jusqu'aux postes autrichiens où on les accueillit avec urbanité.

(2) *Journal du Siège*. A cette date du 21 mars, Napoléon, après les batailles de Craonne (7 mars), de Laon (9 et 10 mars), de Reims (13 mars), livrées à Blücher, s'était de nouveau reporté contre Schwartzenberg et, malgré l'infériorité de ses forces, arrêtait la marche sur Paris de l'armée de Bohême à la glorieuse journée d'Arcis-sur-Aube (20 mars).

(3) Ils furent logés dans la maison Antonin, qui devint plus tard le siège de la sous-préfecture. Elle servait alors de résidence à Drechsel. L'année suivante, au cours de la campagne de 1815, la maison Antonin fut occupée par le général Lecourbe, qui y mourut le 22 octobre.

nôtres étaient fortement inquiétés par le feu du petit poste ennemi de la route de Strasbourg, abrité par des

Place de la Petite-Fontaine et maison Antonin
(où furent logés le roi de Rome et l'impératrice Marie-Louise, le 30 avril 1814).

broussailles et des constructions. Pour permettre aux pièces du Château, en particulier à celles de la tour des Bourgeois et du bastion 20 (1), de tirer efficacement dans

(1) A l'intérieur duquel se trouve la tour des Bourgeois.

cette direction, Legrand a prescrit aux commandants de l'artillerie et du génie d'exécuter de concert toutes les destructions nécessaires. Opération, d'ailleurs, qui ne va pas sans difficultés, si l'on s'en rapporte aux témoignages de l'époque. D'abord, on a voulu y faire concourir les bourgeois. Mais les bourgeois se dérobent. « ... On requiert les juifs : même refus. On les somme, baïonnette dans les reins, et les murs des jardins Stroltz, Triponé, Lehmann, etc., de la porte de Brisach, sont rasés (1). » Le 7 mars, le bruit se répand parmi les habitants du faubourg de France que leurs maisons vont être démolies. Rumeur inexacte et sûrement sans fondement, tant que les assiégés conserveront leurs postes extérieurs. L'émoi, pourtant, a été vif et, dans les esprits alarmés, le calme ne revient que bien lentement.

Un service de renseignements, improvisé dès les débuts du siège, fonctionna, semble-t-il, avec exactitude et régularité. Le 3 février, le commandant d'armes certifie avoir reçu 400 francs du préposé au payeur de la guerre (2) « pour être employés à diverses dépenses secrètes dont lui-même rendra compte en temps et lieu à l'autorité compétente... ». Legrand, d'autre part, est tenu par ses agents au courant de tout ce qui se passe aux environs. Le 18 février, il apprend d'eux que les ennemis multiplient leurs réquisitions de voitures : ils emmèneraient, dit-on, jusqu'au Rhin un grand nombre de paysans, relevés chaque dix jours, afin de les faire travailler à des ponts qu'on établirait sur le fleuve, à Kembs et au Petit-Landau. Le 7 mars, Legrand reçoit de nouveau de M. Haas 1.000 francs, sur lesquels il remet aussitôt, sur

(1) Ugonin.
(2) Dans l'espèce, le receveur des finances de Belfort, M. Haas.

reçu, 600 francs au sous-lieutenant de Malherbe, du 14e chasseurs, chargé d'une mission secrète (1). Enfin, les *contrebandiers aux vivres*, dont nous parlerons plus loin, et auxquels se mêlait parfois l'aventureux maire Quellain, étaient soigneusement interrogés après chaque expédition, et tous les renseignements rapportés aussitôt mis à profit.

Dans une garnison où dominaient, comme à Belfort, les jeunes soldats, le maintien de la discipline présente toujours, en temps de guerre, de particulières difficultés. Difficultés qui, pour Legrand, s'accroissaient du fait de la dispersion d'une partie de ses troupes entre les postes extérieurs et les logements occupés en ville.

C'était surtout la vie au petit poste, dans un éloignement relatif des chefs hiérarchiques, au voisinage plus proche de l'ennemi, qui donnait lieu à toutes sortes de relâchements et d'abus. La proximité des maisons et des jardins abandonnés amenait inévitablement des déprédations dont certains propriétaires avisés savaient se garantir en instituant, comme gardiens volontaires, ceux-là mêmes dont ils redoutaient le maraudage (2). D'ailleurs, entre deux fusillades, les avant-postes des deux partis entretenaient parfois des rapports amicaux. Des échanges se faisaient, où les assiégés troquaient leur ration d'eau-de-vie (dont la Place ne manqua jamais) contre les pains de munition des soldats alliés. Cependant, le 13 mars, un

(1) M. de Malherbe, qui avait été signalé au commandant d'armes comme un officier de confiance, devait chercher « à franchir les postes ennemis pour faire en sorte d'arriver au premier poste français sur la route de Langres et Troyes, afin de faire connaître, s'il était possible, au gouvernement la situation de la place » (*Journal du Siège* : 6 avril). Qu'advint-il de l'audacieux officier qui pourtant avait manifesté, avant son départ, la plus énergique confiance dans la réussite de sa mission?... Le fait est qu'on ne le vit pas reparaître.

(2) « M. Curtel donne journellement aux soldats du poste près de sa maison deux bouteilles d'eau-de-vie le matin et une après midi, plus une de bière, pour qu'ils gardent son jardin et sa maison. » (UGONIN.)

caporal français, accueilli dans ces conditions par un poste autrichien, y fut retenu prisonnier, et cette violation d'une convention tacite, mais admise, ne fut pas sans causer quelque scandale. Au reste, il arrivait que, brusquement, le ton général des relations changeât sans motif. Le 18 mars, exaltées peut-être par la nouvelle de leur succès de Craonne (1), les sentinelles ennemies ne cessèrent de crier aux nôtres : « M..... pour Bonaparte! Mangeurs de cheval, venez chercher du pain (2).... » A quoi les assiégés répondaient par des manifestations devenues tout aussi franchement hostiles. Et si, par hasard, à ce moment, des jeunes gens de la ville, survenus au cours de quelque promenade, s'approchaient du petit poste, on les autorisait sans scrupules à essayer leur adresse à la cible sur les lointaines sentinelles ennemies aperçues. Par une note sévère du 10 mars, Legrand mit fin « à cet abus si préjudiciable et contraire aux lois de la guerre ». Il interdisait du même coup toute communication avec les avant-postes de l'assiégeant et appelait de ce côté la stricte surveillance de l'officier supérieur de jour chargé de la visite des postes.

La dispersion forcée des éléments logés en ville comportait des inconvénients d'un autre ordre, qu'on ne pouvait malheureusement supprimer. Legrand s'appliqua cependant à les atténuer en prescrivant, le 3 mars, que, « ...sans renoncer aux bienfaits des habitants... les isolés devraient dorénavant réunir leurs rations et les préparer par escouade, sous la surveillance d'un sous-officier, dans les maisons des bourgeois les plus aisés ».

L'action disciplinaire du commandant d'armes vis-à-

(1) 7 mars.

(2) Triponé.

vis des officiers de la garnison (parmi lesquels il comptait des égaux et même un supérieur, le colonel Kail) était de nature plus délicate. Le colonel Kail avait, nous le savons, assumé dès les débuts du siège le commandement des troupes. Des difficultés surgirent-elles à ce propos entre lui et les divers chefs de service? Toujours est-il qu'au commencement de mars Kail a résigné ses fonctions, et que, d'un autre côté, Lalombardière, commandant de l'artillerie et du Château, est vivement admonesté par Legrand pour avoir imposé à l'infanterie de nombreuses corvées sans en référer au colonel du 63e... Finalement, le 16 mars, un ordre de la Place détermine pour l'avenir les diverses attributions, et Kail est réintégré dans son commandement, Legrand déclarant péremptoirement « qu'il ne peut suffire seul aux nombreuses occupations que lui occasionnent les services de la Place, réunies aux travaux de cabinet... ».

Parmi ces services si absorbants, il fallait, bien entendu, mettre en tête celui des subsistances. Les débuts de ce récit ont indiqué dans quelles conditions de précipitation et d'insuffisance avaient été réunis les approvisionnements destinés à la garnison. Il semble que les bourgeois, plus prudents, se soient, dès l'époque de la retraite de Russie, prémunis contre des possibilités, sans doute lointaines, mais que l'histoire de Belfort et de ses sièges passés permettait déjà d'entrevoir. Sans doute, tous ne s'étaient-ils pas approvisionnés conformément à la liste où Jean-François Ugonin, annaliste exact et négociant précautionneux, nous énumère sans en rien omettre les soixante-deux articles qu'il estime nécessaires, en vue d'un siège, à tout habitant d'une place forte (1).... Néanmoins, la plupart des bourgeois s'étaient, bien avant l'investissement, largement munis de vivres. Et sans ces réserves, auxquelles la garnison dépourvue avait, dès les premiers jours, dû forcément faire appel, le siège, à l'époque où nous sommes arrivés, eût sans doute, et depuis longtemps, été terminé. Il faut donc ici justement le reconnaître : obligatoire ou spontané, le concours ainsi prêté à Legrand par les Belfortains (que d'ailleurs leur sage prudence seule avait rendu possible) fut, au même titre que les vertus militaires de leurs tenaces défenseurs, la cause originelle et directe de la longue résistance que nous achevons de relater.

Au commencement de mars, la ration individuelle attribuée à la troupe était tombée à 8 onces (2) de pain de munition, 4 onces d'avoine émondée (3), 8 onces de viande de cheval. Plus riche en liquides, et bien forcé, sans doute, de considérer « l'alcool comme un aliment », le commandant d'armes allouait à chaque homme un demi-litre de vin, et, en compensation de l'insuffisante ration de pain, un seizième de litre d'eau-de-vie. A la demande des chefs de corps, on y joignit, à partir du 16 mars, une ration de vinaigre « afin de faire mariner

(1) Citons la finale de sa liste : « ...farine, lard, volailles, petite pharmacie, chandelles, cierges... gentiane, vinaigre, pruneaux, papier et tout l'écritoire, eau de senteur, bouteilles, verres à boire. »

(2) Rappelons que la ration normale de pain de munition (24 onces : environ 600 grammes), était, dès le 20 janvier, descendue d'abord à 16 onces, auxquelles s'ajoutaient 8 onces d'avoine. Au reste, *la chasse aux rats*, ressource classique des sièges prolongés, était depuis longtemps commencée. Le 6 mars, le prix d'un rat était de 20 sous.

(3) Quelques jours auparavant, le 22 février, écrivant au capitaine Emon pour accélérer la remise en eau du canal et l'égrugeage des avoines, Legrand disait avec anxiété : « ... Il n'y a pas un moment à perdre à cet égard, pour la raison que l'avoine seule peut nous faire gagner du temps; s'il en est autrement, notre situation ne peut plus être douteuse ».

la viande de cheval, qui est ainsi beaucoup plus saine pour la subsistance des hommes (1) ».

Mais pour maintenir, même à ces taux modestes, les distributions quotidiennes, il y avait longtemps déjà qu'on faisait appel à l'aide des habitants. Legrand avait d'abord essayé d'obtenir d'eux des dons gratuits. Le 22 février, il demandait que les principaux citoyens fissent « la déclaration d'honneur des vivres que chacun possédait en sus de ses besoins, en indiquant ce qu'il pouvait distraire de ce superflu pour l'approvisionnement de la Place (2) ». Il obtenait ainsi 1.100 kilogrammes de grains. De même, après avoir fait abattre les chevaux de la troupe, puis ceux des officiers et des gendarmes, il commence, le 19 mars, à prévoir la réquisition de ceux que possèdent les particuliers. Mais, alors, les procédés amiables ne suffisent plus : ordre est donné au sous-préfet Mengaud, qui fait fonctions de commissaire des guerres, de recourir aux visites domiciliaires. Or, c'est naturellement en dehors de l'enceinte qu'on va chercher d'abord des ressources : au faubourg de France en particulier, qui est peuplé d'auberges, et que sa situation, d'autre part, exposerait le premier aux incursions de l'ennemi. Le 25 mars, quelques sacs de grains sont saisis chez le sieur Beaume (3), le 7, cent sacs d'avoine enlevés de l'auberge de l'Ancienne-Poste, dont soixante sont remis comme réserve au garde-magasin, et quarante, immédiatement utilisables, sont logés auprès du moulin. De telles mesures de coercition

(1) *Journal du Siège.*

(2) A une telle demande, Legrand mettait d'ailleurs toutes les formes. Voici comme il la terminait, en termes parfaitement judicieux : « ...Il serait très agréable et flatteur pour moi de pouvoir dire à Sa Majesté l'Empereur que, si le courage de la garnison à sauvé la place, les habitants n'ont pas moins contribué à sa conservation par les sacrifices que chacun d'eux s'est empressé de faire... ».

(3) Triponé.

ne sont pas prises sans que Legrand, toujours prudent, ait songé à ses futures responsabilités. Il légitime donc ses actes en invoquant sa qualité de « commandant d'armes de la Place en état de siège » et les devoirs que lui imposent son honneur et l'obligation de prolonger à tout prix la résistance. Il veille aussi à ce que les perquisitions demeurent le fait exclusif de la police locale, le sous-officier chargé, avec quatre hommes, d'y coopérer, devant se borner « à employer dans la circonstance tous les moyens de prudence qu'il convient pour protéger l'agent de police chargé de faire exécuter cet ordre ». Malgré tout, les difficultés surgissent, suscitées par le procureur impérial lui-même, M. Parrot, dépossédé de ses pouvoirs par l'état de siège qui lui a fait des loisirs forcés... M. Parrot déclare illégales les mesures prises par le commandant d'armes en vue de la recherche ou de la réquisition des denrées, et, pour son compte, il refusera de s'y soumettre!

Fâcheux conflit, sur la solution duquel les mémoires de l'époque sont restés muets. Ils nous donnent, en revanche, plus de détails sur une organisation que le besoin même (comme toujours) avait créée : celle des *contrebandiers aux vivres*. Des habitants, des femmes, voire même des soldats déguisés, poussés par le désir du gain ou simplement de l'aventure, franchissent à tous risques (1) les lignes de l'investissement pour rapporter des vivres dont la vente, dans l'intérieur de Belfort, sera singulièrement rémunératrice. Parfois, ce sont de véritables expéditions, pour lesquelles on utilise les nuits sans lune, ou même la connivence de certains chefs de poste enne-

(1) Le 21 février, Drechsel donne l'ordre à ses vedettes de tirer sur tout individu qui, revêtu d'habits bourgeois et venant de Belfort, ne ferait pas volte-face au premier ordre.

mis. Guidés par les plus habiles d'entre eux, tel *Colas de la Forge*, les contrebandiers sortent de la Place, trente à la fois comme le 1er mars, soixante comme le 14. Capturés, ils savent qu'ils risquent d'être traités en espions. Xavier Noder, arrêté près de Cravanche le 16 février, s'en tire cependant avec cinquante coups de bâton qui, même, à la prière du curé de Bavilliers, sont ramenés à six. Moins heureuses, des contrebandières, prises le 31 mars à Danjoutin, sont impitoyablement passées par les verges et ne rentrent à Belfort que la nuit d'après, gémissantes et plus d'à moitié mortes.

Si du moins, pour compenser le déficit originel des approvisionnements, on disposait de ces moyens pécuniaires qui, à eux seuls, suffisent si souvent pour les attirer, parfois même pour les créer!... Mais le blocus avait trouvé le commandant d'armes aussi démuni d'argent que de vivres. En dehors des maigres sommes rassemblées le 3 janvier, le receveur des finances avait déclaré n'avoir rien en caisse, malgré les affirmations contraires de la municipalité et de l'inspecteur des forêts Billig (1). Aucune vérification, d'ailleurs, n'était plus exécutable, la comptabilité ayant été évacuée vers l'intérieur au moment de l'investissement. Il fallait, néanmoins, rembourser (dans la mesure du possible) les denrées réquisitionnées, il fallait surtout payer la solde de la troupe qui, depuis les premiers jours de l'année 1814, n'avait rien reçu. Or, pour le seul prêt arriéré du 1er au 5 janvier, une somme de 3.600 francs, à-compte pourtant bien tardif, était indispensable. Le 10 février, Legrand avise le maire d'avoir à rassembler le numéraire nécessaire et de le faire déposer dans la caisse de l'agent des finances, où il sera

(1) *Lettre du 12 mars, de Legrand au receveur des finances.*

enregistré au titre des dépenses de la garnison. Sous une forme aussi simplifiée, cette première tentative ne manque pas d'échouer. Alors Legrand, le 6 mars, décide d'adresser une lettre collective « à Messieurs les citoyens les plus fortunés de la commune » afin de leur demander, à titre d'avance sur leurs contributions de l'année courante, une taxe dont il imagine de fixer lui-même la quote-part pour chacun (1). Nouvel insuccès. Finalement, il se résout à convoquer à l'hôtel de ville, le 15 mars, une réunion simultanée du conseil municipal, des notables et du conseil de défense. C'est Kail qui, comme toujours, y prend la parole, et son discours, aussi vif que coloré (2), détermine enfin l'assemblée à consentir au versement par anticipation des contributions des trois premiers mois de l'année 1814.

D'ailleurs, pour faire de l'argent, tous les moyens sont bons à Legrand. Il prescrit au capitaine Emon de démolir un vieux bâtiment appartenant à l'Etat, l'ancienne Prévôté, et d'en vendre les matériaux; il le charge de se défaire, au meilleur prix, des bois existant dans la place et inutiles à sa défense. Il y a, en dépôt à Belfort, cinq milliers de livres de tabac. Legrand propose aux débitants de la ville de les acquérir, et, sur leur refus, les met en adjudication publique : il en obtient tout près de 6.000 francs. La vente des arbres donne 533 francs, celle des bois 750 francs, celle des ferrailles 3.600 francs environ (3).

(1) « M. Billig répond qu'on lui demande 200 francs en acompte de ses contributions, qui ne sont que de 100 francs par an... Il prie qu'on reçoive en paiement son pré, sis près de Giromagny et actuellement au pouvoir de l'ennemi. » (UGONIN.)

(2) Voir aux pièces annexes.

(3) Il ressort d'une lettre de Legrand à Mengaud que, le 28 mars, on a vendu les vieilles ferrailles des ponts-levis, les poids et les balances qui restent à l'entrepôt des tabacs, un lot de devants et de derrières de cuirasses, le tout

Le froid, cependant, s'était joint à la disette pour accabler la petite garnison, qui manquait de vêtements chauds et même de capotes. Il s'en était suivi une recrudescence des maladies et de la mortalité (1) : la dysenterie régnait dans la population civile, la petite vérole parmi les soldats. Cependant, la garnison, dans son ensemble, offrait aux fatigues du siège une résistance dont Legrand se félicitait : une seule catégorie de soldats avait immédiatement faibli et disparu, c'était « celle des malingres, qui entrent à l'hôpital et dont beaucoup y meurent ». Constatation qui, malgré les enseignements du passé, demeure malheureusement encore, vu les conditions du recrutement actuel, d'un intérêt tout contemporain. A l'hôpital militaire comme à l'ambulance du 63e, linge, charpie et médicaments font à la fois défaut, car l'approvisionnement du service de santé a été comme les autres laissé, dans les débuts du siège, au hasard de l'improvisation. Pour le linge et la charpie, on recourt aux « dames de la Charité ». Quant aux médicaments, on en trouvera à l'ancien hôpital civil, administré jadis par les sœurs hospitalières, qui y ont laissé, à leur départ, une partie de leur matériel. Au reste, ce qui manque surtout, à l'hôpital

---

d'un poids de 9.854 kilogrammes. Le 26 février, tout le plomb existant chez les particuliers ayant déjà été requis, on s'adresse aux édifices publics : on enlève 259 kilogr. de plomb du balcon de l'hôtel de ville, 39 du dépôt des tabacs.

(1) Le 5 février, la petite garnison de Belfort comptait à l'hôpital un total de 373 malades (182 blessés, 191 fiévreux).

De leur côté, les Autrichiens étaient aussi fortement éprouvés. Mais, plus favorisé que son adversaire, un assiégeant a toujours la possibilité de combler ses pertes. Aussi, sur la demande de Drechsel, le général en chef lui envoya-t-il d'abord un bataillon de renfort, du régiment de Vogelsang, qui arriva le 11 février. Le 30 janvier, l'artillerie du corps d'investissement s'était déjà augmentée de deux obusiers légers auxquels furent ajoutés vers la fin du siège, le 30 mars, deux obusiers de 7 et quatre pièces de 12. Quant aux Cosaques de Tchoglikoff, ils avaient été remplacés vers la mi-février par un détachement de cavalerie, arrêté au cours de sa marche vers l'armée et provenant de divers régiments : hussards du Palatinat, hussards de Hesse-Hombourg (qu'on devait revoir sous Belfort en 1815 avec le 1er corps autrichien), chevau-légers de Kaiser, chevau-légers d'O'Reilly : en tout 4 officiers et 265 hommes.

comme ailleurs, ce sont les vivres. Legrand charge Mengaud d'y pourvoir sur les données suivantes. Avec ce qui reste de farine de froment, on fera du pain de soupe pour les malades; on leur réservera ce qui subsiste de bétail sur pied (il reste encore deux vaches le 23 mars!). Mais, pour la ration de pain de munition, elle sera nécessairement la même pour eux que pour la troupe. Legrand, en même temps, rudoie un peu M. Polin, l'économe, M. Bardy, le médecin-chef, qui, en faveur de leurs vingt-huit infirmiers, manifestent vraiment trop d'exigences. « ...Car les objets qui leur manquent manquent également partout : il est donc impossible d'en procurer à M. Polin! »

Nous avons parlé plus haut d'une institution que le malheur des temps venait de faire surgir à Belfort : celle des *Dames de la Charité*. Celles-ci avaient tout d'abord employé leur zèle en collaboration étroite avec le personnel du service de Santé. Puis leur activité trouvait bientôt un autre champ d'action, et, sous leurs auspices, des distributions quotidiennes de soupes économiques étaient faites aux indigents, dont le nombre croissait sans cesse. A des coopératrices dont l'ardeur patriotique créait, dans la place de Belfort, des traditions qui ne devaient pas périr, la haute approbation de l'autorité militaire de 1814 ne pouvait manquer. Et, le 3 mars, nous voyons Legrand décerner, en termes pleins de dignité et de mesure, des félicitations « à ces épouses des citoyens respectables de la commune (1), dont le dévouement à l'humanité souffrante doit être apprécié par toutes les âmes sensibles... ».

(1) N'omettons pas d'indiquer, dans leur ordre, les noms qui figurent en tête de la liste :
« Madame Legrand, épouse du commandant d'armes;
« Madame Mengaud, épouse du sous-préfet... ».

En même temps que les vivres, l'eau potable elle-même avait failli manquer. Au commencement de mars, l'ennemi était parvenu à détourner une partie des conduites des fontaines (1) de la ville, et la gelée avait achevé de les mettre hors de service. Bientôt, le grand puits du Château, intarissable parce qu'il descend au niveau de la Savoureuse, apparaîtra comme la seule ressource de la garnison. Mais il arrive, comble de malchance! que la chaîne du puits s'est détachée, et, pour la retrouver à 225 pieds de profondeur, ce sont des efforts pénibles et hasardeux, dont on ne voit pas la fin.

Puis voici que les éternels travaux du canal des moulins, sans cesse recommencés, sont sans cesse à refaire. Le batardeau par lequel on veut barrer la Savoureuse pour la détourner dans le canal nécessite l'emploi de corvées civiles, qui marchent avec répugnance et que le feu de l'ennemi, partant du cimetière de Brasse et des bains Colart (2), contrarie sans répit. Le 11 mars (3), Legrand fait installer, spécialement en vue de protéger ses travailleurs, une pièce de 12 dans l'ouvrage de l'Espérance (4). Naturellement, sur ce front de la défense, le feu va maintenant redoubler de part et d'autre jusqu'à l'échauffourée du 15 mars (aboutissement logique de toutes ces démonstrations) que nous avons relatée en son lieu Pourtant, le travail de la digue n'avance pas : les crues printanières ébranlent le terrassement ou le délitent et (préoccupation incessante de Legrand) le moulin de la ville, toujours inactif, ne peut égruger les avoines. Enfin, le 19 mars,

(1) La Grande et la Petite-Fontaine (encore existantes) servaient aux besoins de la population civile; la fontaine du Moulin, celle du Petit-Manège et celle de la place d'Armes étaient, elles, entretenues par le génie militaire.

(2) Les bains Colart étaient situés au premier coude du chemin du Martinet, à hauteur du terrain de manœuvres (n° 17 actuel de la rue d'Offemont).

(3) *Journal du Siège*.

(4) Où il y avait déjà une pièce de 4.

une roue s'est mise à tourner et voici que, par surcroît, en avant du batardeau terminé, s'étale toute une zone inondée (1) qui protégera très efficacement ce front de la place et l'ouvrage à cornes. Mais, le 22, de nouveaux affouillements se produisent, la digue, mal établie, perpendiculaire au courant au lieu de lui être oblique, s'écroule à moitié : tout est à recommencer.

Comme il faut cependant, de toute nécessité, activer la mouture des grains, Legrand s'est ingénié à d'autres moyens. Outre les moulins à bras du Château, il en existe deux autres dans la Place, que M. Jobert, des ponts et chaussées, a aménagés pour des chevaux « au moyen de rouages et de mécaniques ». Ainsi peut-on moudre, par jour, huit ou dix sacs de 100 kilogrammes. Ce qui suffira tout juste pour attendre la remise en eau du canal.

Pendant ce temps, entre les murs de la petite ville, les nouvelles les plus étranges s'échappent, se propagent, tourbillonnent, transmises par l'ennemi, apportées par les contrebandiers aux vivres, parfois écloses toutes seules dans ce milieu surchauffé. Le 18 février, on annonce que le roi de Prusse est prisonnier des Français, le 22, que « le Turc doit s'être emparé de quinze villes dans les états de l'Empereur d'Allemagne en faveur de la France », le 8 mars, que Bonaparte a tué d'un coup de pistolet son ministre de la guerre (2).... Au vrai, pour les Belfortains, les seules réalités, c'étaient ces passages incessants qui se faisaient sous leurs yeux, soit par la *traverse* de Danjoutin à Bavilliers, soit par la route de Sermamagny à la Chapelle-sous-Chaux. Fantassins, chevaux, canons, voitures bâchées de paysans, ou même carrosses de maîtres :

(1) *Journal du Siège.*
(2) UGONIN.

le sillage ouvert derrière l'invasion ne se referme plus! Le 18 février, Triponé, après avoir encore signalé quarante pièces de canon qui viennent de filer par Sermamagny et la Chapelle, se résume ainsi : « ... Le passage des ennemis est continuel. »

---

b) Deuxième phase de la dernière période du Siège : du 23 mars à la Capitulation (12 avril)

Pendant la dernière phase du siège, où nous arrivons, les événements militaires se raréfient, la défense se replie sur elle-même et l'ardeur offensive des deux mois précédents va peu à peu s'éteignant. La famine croissante à l'intérieur, les nouvelles désastreuses parvenues du dehors affaiblissent les forces et les courages : le sort de la petite Place et celui de l'Empire penchent ensemble vers leur ruine. Malgré tout, les chefs qui commandent à Belfort, volontairement aveugles à tout ce qui n'est pas leur but unique, réagissent de toute leur énergie contre les obstacles qui se multiplient. Dans leurs proclamations aux habitants, dans leurs ordres à la troupe, dans leurs réponses aux sommations de l'ennemi, revient jusqu'à la monotonie ce mot sans cesse répété, par où s'exprime, dirait-on, le dernier souffle de leur obstinée résistance : « ...l'Honneur... ».

C'est par lui que commence, c'est par lui que finit la réponse de Legrand à la nouvelle demande de capitulation que lui adresse Drechsel le 28 mars : « Monsieur le Général, aucune considération ne doit arrêter un militaire qui marche dans le sentier de l'honneur... Ce n'est que par une défense qui ne doit cesser que faute de moyens, que j'aurai acquis aux yeux de mon Souverain, à ceux des Français et aux vôtres le prix de mon dévouement : c'est l'honneur sans nuages.... Il ne serait pas plus honorable pour un général des princes alliés de recevoir les clefs d'une place qui aurait encore des moyens de défense, qu'à moi de les céder lorsque l'honneur le défend... (1) »

Drechsel, pourtant, vient d'être autorisé par le généralissime à traiter directement avec Legrand. Celui-ci s'en applaudit, non sans humour, « car, dit-il à Drechsel, une telle conduite de la part du Prince (2) me garantit de la vôtre, lorsque le moment de parler capitulation sera arrivé, des conditions d'autant plus honorables qu'elles seront basées sur une défense que Votre Excellence aura dû apprécier ».

Le 31, vers 2 heures de l'après-midi, voici qu'arrive un nouveau parlementaire autrichien. Habit blanc, écharpe cramoisie, plumet sur le chapeau brodé en or : il pénètre dans la ville les yeux bandés, guidé par M. Ycard, adjudant de place, au milieu de l'admiration générale. Il vient, déclare-t-il, pour demander une suspension d'armes en vue de la célébration d'une victoire autrichienne. Bien entendu, la demande est refusée. Mais l'homme qui accompagne l'officier et que, suivant la règle, on a retenu aux avant-postes, ne manque pas de s'acquitter avec zèle de la mission pour laquelle il fut naturellement stylé. Avant son départ, il raconte à tout venant que Bonaparte est entouré par les armées ennemies, il le prouve par la lecture du *Moniteur*. Il sort ses journaux, d'autres bulletins, les distribue : le soir, toute la ville en est inondée et les commente fiévreusement.

---

(1) *Journal du Siège* : 28 mars.
(2) Schwartzenberg.

Dans le fait, juste à cette date du 31 mars, les alliés venaient d'entrer dans Paris.

Napoléon avait seulement appris quelques jours auparavant (après sa victoire de Saint-Dizier) (1) qu'il n'avait plus devant lui qu'un rideau de cavalerie, et qu'à ce moment même les gros des coalisés se hâtaient vers sa capitale. Le 28, le 29, il s'y précipitait derrière eux à marches forcées. Le 30, laissant à Berthier le commandement, il devançait de sa personne l'armée à toute allure. Il avait dépassé Fontainebleau, il n'était plus qu'à quatre heures de Paris, quand, au milieu de la nuit, la nouvelle de la capitulation lui parvenait.

En attendant que l'ennemi s'empressât de faire connaître ces grands événements aux Belfortains, ceux-ci étaient toujours réduits aux hypothèses les plus contradictoires. Mais si leur anxiété ne peut plus maintenant, comme à l'époque des grands passages de janvier, s'alimenter à la certitude de renseignements facilement contrôlés, ils s'efforcent encore, au moins par ce qu'ils voient, de justifier vis-à-vis d'eux-mêmes leur attente et surtout leurs espoirs. Le 25, le 26, le 27, on a aperçu du Château de grands mouvements de l'avant vers l'arrière : ce sont des voitures de maîtres, des berlines à six chevaux, des charrettes couvertes en toile blanche, même des pièces d'artillerie qui, toutes, rétrogradent vers la Suisse par la route de Montbéliard. Le 30, on signale, marchant avec les convois et dans le même sens (2), des détachements qui paraissent en assez mauvais état. S'agirait-il donc

(1) 27 mars.

(2) De Bavilliers à Danjoutin, l'itinéraire suivait la route dite « entre les Chênes » (le Chênois actuel).

d'une retraite générale des alliés? ou plus simplement de quelque vaste évacuation de butin ou de malades? On l'ignore. A tout hasard, et malgré la distance, le canon du Château tire sur ces groupes lointains, mais sans grand effet.

Le 3 avril au soir, vers 10 heures, voilà qu'au nord de la Place une subite fusillade s'éveille aux avant-postes ennemis de Cravanche et gagne, de proche en proche, ceux du Valdoie, de la Forge, de la Miotte et de la route de Strasbourg. Les deux pièces de l'ouvrage à corne, l'artillerie du Château entrent en jeu à leur tour. Au bout de deux heures, le feu ennemi s'éteint. De notre côté, ni tués ni blessés : seule, une de nos sentinelles a été enlevée par le poste autrichien de la Miotte. Naturellement, la troupe, comme de coutume, a été alertée, une partie des hommes couronnant les parapets, l'autre couchant « aux pailles », c'est-à-dire se reposant sur des bottes jetées à proximité. Mais une garnison à tel point diminuée ne peut guère supporter impunément de si incessantes fatigues, qu'aggrave encore l'obligation de la relève périodique des postes extérieurs. Legrand envisage, quoi qu'il lui en coûte, une solution radicale. Il va faire rentrer en ville ces postes extérieurs qui, jusqu'à maintenant, ont tenu l'ennemi à distance des remparts, évacuant ainsi, en même temps que le terrain au delà de la Savoureuse, tout le riche et populeux faubourg de France. On se contentera d'établir, sur la rive droite de la rivière, une *tête de pont* dont l'artillerie battra les routes convergentes de Montbéliard, de Paris et de Lorraine. De nouveau, l'alarme se répand parmi les habitants du faubourg, qui se rappellent les

(1) Ugonin.

destructions du début du siège et voient d'avance avec désolation leurs maisons abattues, leurs jardins rasés.

Dans ces incertitudes s'écoulent les premiers jours d'avril, que marquent encore quelques échauffourées nocturnes : celles du 5, près de l'hôpital (1), du 6, vers le front « de l'entrée des eaux », du 7, au même point. Ce sont des fusillades intermittentes, causées par l'erreur d'une sentinelle, par l'incendie d'une *gloriette* qui flambe toute seule entre les deux partis, par moins encore. Chaque fois, cependant, le canon du Château tonne, les postes sur toute la ligne courent aux armes, la fatigue devient extrême, le soldat affamé s'exténue et s'énerve...

Enfin, voici que le 6 au matin, le bruit de la capitulation de Paris a commencé de circuler. A 3 heures, Drechsel a envoyé deux parlementaires qui ont confirmé la nouvelle : dans toute la ville, les bulletins ennemis se répandent et pullulent. Le colonel Kail essaie, une fois encore, de réagir contre l'effet déprimant de toutes ces rumeurs. « ... Soldats, vos chefs sont instruits que des malveillants cherchent à vous égarer; déjà les écrits les plus incendiaires ont été trouvés : on veut vous les attribuer (2)... » L'âme énergique de ceux qui commandent à Belfort, même aux extrêmes limites de leur résistance, se refuse obstinément à accepter l'irréparable. D'ailleurs, dans les départements de l'Est, l'insurrection contre l'étranger est maintenant générale. Au nord de cette barrière des Vosges, dont Belfort garde le sud, n'est-ce pas justement le 7 avril que Wolff a livré, avec la poignée de partisans qu'immortalisera Erckmann-Chatrian, son brillant combat de Rothau? Mais ces dernières tentatives contre les

(1) L'ennemi y perdit 4 tués et 5 blessés. De notre côté, les pertes furent nulles.

(2) *Ordre du jour du 9 avril.*

communications de l'ennemi arrivent trop tard (1); les nouvelles venues de Paris achèvent de se vérifier : une à une, les illusions auxquelles s'attachent encore les acharnés défenseurs de Belfort s'émiettent et s'envolent. Le 10 enfin, le dimanche de Pâques, dans toutes les places d'Alsace qui ont subi ensemble leur long siège hivernal : à Strasbourg, à Huningue, à Belfort, on apprend, à n'en plus douter, que la rumeur grandissante qui s'élève dans l'air, avec les premiers effluves, dirait-on, du printemps germinateur, est une certitude. Et le même jour, après une dernière réunion du conseil de défense (2), Legrand écrit à Drechsel afin de lui demander un sauf-conduit « pour deux officiers chargés de traiter d'un service important... ».

... Ce *service important*, on devine ce qu'il peut être! Le 11, les deux officiers ont remis à Drechsel la lettre de leur chef. Si fières, si justifiées que soient les paroles du début, c'est pourtant la Capitulation : « Monsieur le Général, j'ai rempli à l'égard de mon Souverain et de ma Patrie les devoirs sacrés que l'Honneur m'imposait : j'ai défendu pendant plus de trois mois et demi la place qui m'était confiée.... »

En vérité, à ce moment, Legrand, sa troupe et la population civile étaient arrivés au terme extrême de leur effort. A la fin de mars, la ration du soldat (3) n'était plus

(1) Le 1er avril un gouvernement provisoire s'était constitué sous la présidence de Talleyrand; le 3, le Sénat avait proclamé la déchéance de Napoléon; le 6, l'Empereur avait abdiqué; le 10, enfin, le jour de la bataille de Toulouse, le comte d'Artois entrait dans Paris.

(2) Voir aux pièces annexes. Depuis un mois, le Conseil de défense s'assemblait tous les jours.

(3) Le taux des distributions du 28 mars est le suivant :

Pain de munition : 8 onces;
Viande de cheval : 6 onces;
Vin : 1/4 de litre;
Vinaigre : 1/10 de litre;
Sel : 1/60 de kilogramme (sauf pour les hommes logés chez l'habitant).

que 8 onces (1) de pain — « du pain de pure avoine » (pour citer les termes engageants de l'ordre de distribution) — avec 6 onces de viandes de cheval. Au commencement d'avril (2), elle tombait à 6 onces pour le pain, à 4 pour la viande. Les hommes des postes extérieurs rôdent affamés dans les jardins d'alentour, ils y découvrent des oignons de fleurs, tulipes, narcisses, jacinthes : ils les font cuire, les mangent, et les voilà très malades. Heureusement, on les fait vomir à temps, ce qui les sauve. Peu à peu les dernières ressources : pain d'avoine et viande de cheval achèvent de s'épuiser. C'est à ce moment que, cruelle ironie, le moulin est enfin prêt à fonctionner, grâce à l'activité de Kail, qui s'est mis lui-même à la tête des travailleurs. Le canal rétabli fait mouvoir un tournant le 23 mars, deux tournants le 26; l'eau coule à fleur de rive et déborde, elle emplit même les fossés de la Place. Mais c'est le grain, aujourd'hui, qui fait défaut!

C'est en vain que, le 23, Legrand a fait promettre une récompense de 200 francs, payée de suite, à qui fera connaître tout entrepôt de vivres illicite; c'est en vain que, dans la ville, les perquisitions se multiplient. Les chevaux de la garnison n'existent plus, ceux des bourgeois ont été à leur tour abattus. On a fait pourtant une exception, sur la demande (3) même de la population, en faveur des deux chevaux de trait du colonel Kail, qui ne peut marcher qu'aux béquilles et qui, sans sa voiture, ne saurait se déplacer. Mais, partout ailleurs, les visites domiciliaires, si sévères qu'elles soient, ne trouvent que des écuries vides.

(1) 200 grammes environ.
(2) Le 6 avril, il reste 6 jours de pain, de vin et de viande.
(3) « ...En vue d'adoucir le chef », dit Triponé.

Vides, aussi, nous l'avons vu, étaient de nouveau les caisses de l'Etat. Cependant, pour les dépenses les plus urgentes, six à huit mille francs étaient indispensables.

Entrée dans la ville du canal des Moulins (état actuel).

Où frapper, sinon toujours aux mêmes portes?... Le 28 mars, nouvelle et grande réunion « des citoyens les plus aisés et les plus riches ». Mais il ne s'agit plus d'un simple paiement par anticipation d'impôts courants. C'est une véritable avance qu'on va solliciter aujourd'hui. Quels aléas, pourtant, que ceux d'une telle opération, au milieu de la crise politique et gouvernementale qui s'est ouverte. Kail, chargé, cette fois encore, de porter la parole, déploya toutes les ressources de son éloquence. Tout d'abord, il laissa clairement entendre que jamais la délivrance n'avait été plus proche... Puis il peignit aux Belfortains le tableau inattendu, mais saisissant, de leur ville, s'abandonnant peut-être aujourd'hui aux alliés faute d'un dernier effort, et devenant alors demain l'objectif assuré des armées françaises, partout ailleurs victorieuses.... A peine sorti d'un premier siège, voulait-on, par avance, s'exposer à un second, mais cette fois avec l'ennemi dans son sein, et quel ennemi.

La perspective ainsi hardiment présentée par l'ingénieux colonel impressionna-t-elle les bourgeois au point voulu? Le *Journal du Siège* constate simplement que « ce discours fut écouté avec le plus vif intérêt ». Pourtant, les contribuables présents, avant toute réponse, tombèrent d'accord pour émettre un vœu. A savoir qu'un registre fût premièrement ouvert afin de permettre aux citoyens, par hasard absents ce jour-là, de s'inscrire, eux aussi... Finalement, tant en obligations qu'en numéraire, on a réuni la somme de 3.335 francs, dont les souscripteurs, ainsi qu'il a été décidé, verront leurs noms figurer au *Journal du Siège* (1).

---

(1) V. pièces annexes. Lalombardière avait donné l'exemple en s'inscrivant pour 600 francs.

La question financière quand, au cours d'un siège, la défense se prolonge, devient presque inévitablement, pour le commandement, l'une des plus pressantes. Pendant le *blocus* de Belfort en 1815, Lecourbe se procura des fonds en vendant la majeure partie des chevaux du train d'artillerie de son corps d'armée et en imposant aux habitants un emprunt forcé de 85.000 francs.

Denfert, en 1871, eut recours à l'émission de bons du Trésor — dits bons obsidionaux — pour une somme de 80.000 francs. Le préfet d'alors, M. Grosjean, lui avait d'abord proposé (par une combinaison inverse à celle qu'avait pratiquée Legrand qui, lui, manquait de vivres au milieu d'une population

De ce demi-succès, Legrand pouvait encore s'applaudir. Il était moins heureux dans son projet de reconstituer à Belfort la cohorte urbaine afin de combler en partie les vides de la garnison, dus aux décès (1), aux maladies et à la désertion. Créée, comme dans toutes les villes fortes d'Alsace, par un décret de novembre 1813, la cohorte de la garde nationale urbaine, à la fin de mars, n'avait pas encore été rassemblée. Du 29 mars au 3 avril, les ordres de Legrand au maire se succèdent. Ils prescrivent d'abord d'établir les états relatifs à la cohorte, en y comprenant les officiers, sous-officiers et soldats en retraite, les jeunes gens en état de prendre les armes, puis les hommes mariés valides. Le chef désigné de la cohorte est le capitaine Florance, de l'état-major de la Place; l'inspection du nouveau corps sera passée, le 1er avril, par le colonel Kail, sur la place du Manège. Enfin Legrand, soucieux de dissiper par avance toute méfiance et toute incertitude, déclare « que son intention ni celle de M. le colonel n'est point d'employer la cohorte à un service qui puisse l'exposer à aucun désagrément ». Pourtant, à la revue du 1er avril, personne ou presque, ne s'est présenté,

civile mieux munie) de faire de l'argent en cédant aux habitants une partie des approvisionnements dont regorgeait la garnison. Denfert s'y était refusé, préférant le système d'un emprunt à l'amiable ou même, s'il le fallait, d'un emprunt forcé... Et dans sa lettre au préfet, il faisait ainsi appel aux souvenirs de 1814, transmis jusqu'à lui par la seule tradition : .....Je ne puis croire... qu'il soit impossible de contracter l'emprunt qui nous est nécessaire pour assurer la solde de la troupe. Je crois qu'un appel fait aux habitants à cet effet sera entendu comme il l'a été en 1814 à plusieurs reprises, alors que les ressources des habitants étaient bien moindres qu'elles ne le sont aujourd'hui... »

(1) La garnison était réduite d'un tiers et, de ceux qui restaient, la moitié seule pouvait faire le service.

Le 4 avril, Legrand signale pour la première fois, en y insistant, les grands ravages que fait la contagion parmi les malades, et prescrit d'assainir l'hôpital militaire par de fréquentes fumigations. Vers la même date, en présence de la misère croissante qui décime les habitants pauvres, il fait distribuer aux *Dames de la Charité* deux sacs de blé, pris sur ses dernières réserves. Le 6 avril, le nombre des nécessiteux secourus s'élevait à 1.200. La mortalité des habitants avait atteint, en trois mois, le chiffre total d'une année normale.

car « le bourgeois craint, remarque avec simplicité un de nos annalistes (1), qu'on ne l'engage à se commettre avec l'ennemi ». Legrand ne se décourage pas. Il se retourne vers le maire et le sous-préfet, leur demande de convaincre leurs concitoyens « par une proclamation paternelle concertée entre eux ». Quellain et Mengaud s'exécutent : ils expliquent aux bourgeois que le service de la cohorte ne doit avoir lieu qu'en cas de presse, seulement dans l'intérieur de la ville, et que la convocation prescrite « ne peut être qu'honorable aux citoyens ». Le 3 avril, on a fixé pour 11 heures une nouvelle revue de Kail. Nouvel insuccès. 32 hommes seulement se sont rendus à l'appel. Même il faut punir d'arrêts forcés un officier de la cohorte, M. Cuenin, « qui a tenu des propos grossiers au sous-officier chargé de le prévenir ». Et la fin du siège arrive, sans que la cohorte urbaine de Belfort ait été rassemblée. Au fond, on est toujours sous le coup des menaces de l'ennemi, de celles qu'il fit en décembre, à son arrivée, de celles qu'il n'a cessé de répandre habilement pendant tout le siège... « Si les habitants prennent les armes, la ville sera de nouveau bombardée avec la dernière rigueur. » Et le souvenir des terribles nuits de janvier domine tout....

D'ailleurs, les procédés sommaires des Autrichiens entretenaient dans les villages environnants la même salutaire terreur. La bastonnade pour les hommes, les verges pour les femmes, sont les moindres de leurs moyens de répression. Le 30 mars, le maire de Fesche et son beau-frère ont la schlague; le 19 avril, à Perouse, c'est Morin Bernard qui meurt des suites d'une bastonnade. Les beaux jours arrivés, Drechsel a décidé de faire camper sa troupe,

(1) Ugonin.

jusque-là cantonnée dans les villages. Mais, au préalable, et pour rendre plus confortable la nouvelle installation, on a vidé les maisons de leurs meubles comme de leur literie, et ce sont les habitants eux-mêmes qui doivent opérer leur propre déménagement. Parfois, cependant, le vieux sang alsacien se réveille, et les plus hardis ne sont pas ceux qu'on aurait crus. A Cernay cantonne un détachement du régiment de Colloredo. « ... La Schnaebelé Agathe ne voulait souffrir que la femme d'un caporal qui logeait chez elle fît la lessive dans sa cuisine. Cette femme militaire lui avait représenté poliment qu'elle faisait la lessive pour les officiers du caporal, mais ladite Schnaebelé Agathe lui dit qu'elle c..... sur sa lessive ainsi que sur tous ses officiers. Le caporal mari de cette femme, ayant entendu ces invectives, donna une bourrade à ladite Agathe. Aussitôt celle-ci voulut commencer à faire sonner le tocsin (1)... »

Mais, dans une place depuis si longtemps bloquée, et aussi étroitement que l'est devenu Belfort, il n'y a même plus, aux soucis des habitants, de tels dérivatifs possibles. Dans l'attente obscure de l'inévitable, l'énervement est passé des bourgeois à leurs chefs. Le 28 mars, à la séance des notables, l'ancien maire, M. George, apostrophe avec violence son successeur Quellain, qu'il qualifie de « maire lâche, immoral et injuste ». Celui-ci, sur-le-champ, offre sa démission au commandant d'armes. Mais Legrand la refuse, et le conseil de défense tout entier adresse à Quellain, le 2 avril, une lettre où il le réhabilite avec solennité des accusations dont il fut l'objet.

De son côté, le sous-préfet Mengaud s'est, entre temps,

(1) *Journal d'un habitant de Cernay.*

retiré du conseil de défense (1) et toute la charge de son emploi est retombée sur le quartier-maître Bonnier, du 14e chasseurs, qui, depuis le début de l'investissement, en a d'ailleurs assumé les réalités. C'est Bonnier en effet qui, le premier, a eu l'idée de ramener, par une dérivation de la Savoureuse, l'eau au canal des moulins, qu'on ne manque pas d'appeler aussitôt le *canal Bonnier*. C'est lui qui, nourri de lectures historiques dont nous voyons ici, une fois de plus, l'emploi utilitaire, s'est souvenu que Charles XII avait, en Russie, alimenté son armée avec du pain d'avoine (2), et qui a su tirer, d'une telle ressource, toute l'aide possible pour la prolongation de la résistance. C'est lui enfin qui a pris la direction des perquisitions dans la ville, sans souci d'une impopularité dont les moindres manifestations sont sans doute les surnoms décernés de « rogneur d'habits » (3), voire de « Marat » !

Au reste, vers la fin du siège, la curiosité de la population civile se détournait peu à peu des mille incidents intérieurs qui, à eux seuls et pendant de si longs mois, avaient dû suffire à son besoin de savoir. Maintenant, en effet, toute l'attention se portait aux grands événements du dehors, au-dessus desquels s'élevait enfin une lumière de jour en jour plus ample et plus nette. Néanmoins, que de récits fantaisistes filtrent encore parmi les nouvelles qui de partout affluent à flots pressés! N'affirme-t-on pas que Bonaparte a été arrêté par Berthier, prince

(1) D'après Triponé. Une délibération du Conseil de défense du 10 avril est, cependant, encore signée par lui.

(2) *Vie de Charles XII*, par Voltaire (livre IV).

(3) On sait que les fonctions des quartiers-maîtres correspondaient pour partie à celles de nos capitaines d'habillement et de nos capitaines trésoriers.

de Neufchâtel, et transféré à Alba (1), l'une des îles Ioniennes? Et voici ce que le sensible Ugonin s'empresse, en toute bonne foi, de nous confier à la fin de son journal (2) : « L'empereur d'Allemagne offre à sa fille de la ramener à Vienne : — Non, j'ai partagé son bonheur, souffrez que je partage son malheur. — Elle est enceinte... »

(1) Curieuse déformation du nom de l'île d'Elbe, infiniment peu connue, semble-t-il, au moment où les puissances alliées décidaient d'y reléguer l'Empereur.

(2) A la date du 14 avril.

CHAPITRE VII

La capitulation

Nous avons vu que, le 11 avril, deux parlementaires envoyés par Legrand (c'étaient, comme toujours, le colonel Kail et le capitaine Emon) avaient remis à Drechsel la lettre par où le commandant français se résignait à faire des ouvertures en vue d'une capitulation.

Les pourparlers marchèrent rapidement entre les deux commissaires français et les trois commissaires autrichiens qu'avait, de son côté, désignés Drechsel : le major Young, le capitaine Schérer (tous deux du régiment de Kaiser-Infanterie), le capitaine du génie Gernsdorf.

Le 12, la capitulation (1) était signée par les cinq commissaires dans la maison Gasner (2) : le même jour, elle était ratifiée à Belfort par Legrand, à Bavilliers par Drechsel.

Elle stipulait en substance que le lendemain 13, à 6 heures du matin, les postes français détachés rentreraient dans

(1) Voir le texte aux pièces annexes.

(2) La ferme actuelle des Barres (Dubail-Roy : *Bulletin de la Société Belfortaine d'émulation*. Année 1898, p. 15, note 1). Une autre maison Gasner existait à l'époque au faubourg de Lyon, vers la hauteur de Bavilliers, au-dessus des bâtiments actuels du lycée.

l'intérieur de la Place et que, dès lors, les communications seraient libres entre celle-ci et l'extérieur. En même temps, la porte de France serait occupée à la fois par deux détachements français et autrichiens, forts chacun d'un officier, d'un sergent, de deux caporaux et de vingt hommes.

Le 15, à 8 heures du matin, la porte de Brisach et la

La ferme des Barres (maison Gasner, état actuel).

porte de secours du Château seraient à leur tour occupées par des détachements du corps de siège.

Enfin, le 16, à la même heure, la ville et le Château de Belfort seraient reçus par les troupes autrichiennes « au nom et pour le gouvernement provisoire français » dans le même état qu'au commencement de la capitulation. La garnison sortirait par le faubourg de France avec armes et bagages, précédée de deux canons, mèches allumées, et de deux caissons. Arrivée sur la route de Paris, la troupe déposerait ses armes. Armes et chevaux de troupe seraient remis aux Autrichiens; armes et chevaux d'officiers resteraient à leurs propriétaires.

Les conscrits seraient ensuite renvoyés dans leurs foyers (1), les anciens soldats dirigés sur leurs dépôts, les officiers laissés libres de se retirer où bon leur semblerait. Quant aux malades et aux blessés graves, ils seraient, soit traités sur place par des médecins français maintenus à Belfort dans ce but (2), soit emmenés à la suite de la troupe sur des voitures à fournir par les Autrichiens.

Conformément à ces stipulations, le 13, un détachement du régiment de Kollowrath occupa, de concert avec un détachement français, la porte de France. Le 15, des fractions autrichiennes prirent possession de la porte de secours du Château et de la porte de Brisach. Le 16 enfin, à 9 heures du matin, la petite garnison de Legrand arrivait sur la hauteur des *Champs-Dauphin* (au delà du fort des Barres actuel), après avoir défilé (3), depuis sa sortie du faubourg de France, entre deux haies de troupes autrichiennes que doublaient extérieurement des détachements massés d'infanterie et d'artillerie, prêts à intervenir s'il le fallait. Les précautions de Drechsel n'étaient pas superflues, étant donné ce que narrent les récits contemporains de l'état d'exaspération des Français qui, sous les yeux de l'ennemi, brisaient leurs armes, crevaient les caisses des tambours, avant de les lui abandonner. Le matin, appréhendant (malgré les garanties de la capitulation) une captivité par-dessus tout détestée, deux cents hommes avaient déserté en masse.

---

(1) Conformément au décret du 5 avril du gouvernement provisoire.

(2) Legrand désigna MM. Regnauld, chirurgien-major au 63e régiment d'infanterie, et Crouzit, chirurgien-sous-aide au 2e régiment d'infanterie pour soigner les 295 malades qui devaient être maintenus dans la place.

(3) L'effectif, au jour de la capitulation, était de 4 officiers supérieurs, 47 officiers subalternes, 1.580 hommes. (SCHELS) Rappelons qu'au début du siège il s'était élevé à environ 2.900 hommes.

Le même jour que Belfort, à la même heure, Huningue, la place sœur, ouvrait elle aussi ses portes aux Autrichiens.

Avant de quitter la ville, Legrand avait adressé, le 13 à ses soldats, le 15 aux habitants, deux proclamations (1) où il exaltait la glorieuse énergie des uns, la constance et l'esprit de sacrifice des autres. Au reste, toujours avisé, il n'avait pas omis en même temps de se faire remettre sur acquit les sommes restant encore déposées, au nom de l'Etat, chez le payeur, M. Haas. Le 15, il chargeait Lalombardière de ses comptes-rendus pour son chef direct, le général Desbureaux, commandant la 5e division militaire à Strasbourg (2). Et, le lendemain, après les heures amères et douloureuses de la reddition, Legrand partait pour Paris afin de s'y présenter au Ministre.

A Belfort, au cours des dernières journées qui avaient précédé la capitulation, quelque détente — éclaircie fugace — avait d'abord paru devoir se manifester entre les deux partis. Le 11 avril, les officiers du 14e chasseurs avaient invité à un goûter aux bains du Fourneau (3) les officiers autrichiens de Danjoutin; ceux-ci s'y étaient rendus en compagnie du maire et du curé du village. Et le surlendemain, quand, les derniers postes extérieurs enfin rentrés, les portes de la Place, cette fois, demeurèrent ouvertes, la petite ville si longtemps silencieuse sembla d'un seul coup s'éveiller de sa longue torpeur hivernale. L'entrée des villageois, l'exode des habitants,

(1) Voir aux pièces annexes.

(2) Le blocus de Strasbourg, d'ailleurs, ne devait être effectivement levé que le 3 mai.

(3) L'établissement de bains du Fourneau (au n° 20 actuel de la rue de Danjoutin) était, en temps normal, un lieu de réunions fréquenté. En 1814, il était demeuré au cours du siège, à l'intérieur de nos lignes : en revanche les bains de la Forge, ou bains Colard (à l'opposite de la place), avaient été occupés dès les premiers jours par les Autrichiens.

l'afflux des denrées, tant de récits à échanger, tant de curiosités à satisfaire donnaient aux rues de Belfort, malgré les premiers uniformes autrichiens apparus, comme un air de fiévreux soulagement. Sous le soleil printanier, l'essor des nouvelles s'entrecroise, vibre, bourdonne, et les premières cocardes blanches surgissent. Le notaire Triponé, notre fidèle annaliste, a arboré la sienne avec audace pour aller se promener jusqu'à Bavilliers. Au retour, cependant, il s'avise de l'enlever avant de franchir la porte de France, « car on lui a dit que la garnison maltraiterait ceux qu'elle en trouverait décorés ». Au fond, une ombre obstinée subsiste dans ce tableau des rues si vite redevenues vivantes des petites places françaises... Où sont donc maintenant, et comment se cachent, ceux qui, sans doute, y font enfin figures de vaincus?... « Pendant toute la journée, on a vu les chasseurs se promener en ville d'un air menaçant : ils ont l'air de chercher querelle aux Autrichiens (1).... »

Mais peut-on demander que la masse des habitants s'embarrasse encore de toutes ces choses de guerre et de politique? Car le printemps est revenu, les labours attendent, les portes sont ouvertes et il n'y a plus un instant à perdre. Sortant à la fois de toutes les maisons, charrues, voitures, brouettes de fumier (2) se mêlent, se croisent parmi les rues étroites. Et dans les jardins et les champs si longtemps déserts, au pied du Château au repos et de ses canons enfin silencieux, s'agite une active fourmilière humaine qui, sur sa terre entr'ouverte et fumante, s'est remise, sans perdre un jour, tout de suite à travailler.

---

(1) UGONIN.
(2) *Id.*

CONCLUSION

Il nous faut maintenant suivre Legrand à Paris, où il est allé porter au ministre du nouveau gouvernement, le général Dupont, avec ses rapports sur les événements du siège, la justification de la conduite tenue par lui et par les membres de son conseil de défense. De « l'hôtel de Nismes », rue de Grenelle-Saint-Honoré, où il a pris logis, il envoie au ministère placets, mémoires, demandes d'audience, soucieux, par-dessus tout, de se voir le plus tôt possible renvoyé officiellement à son poste.... Le 11 mai, Dupont le reçoit enfin et lui donne de bienveillantes assurances. Mais Legrand ne se tient pas pour tranquillisé. Et voici, en effet, qui justifie ses inquiétudes : c'est une lettre au ministre, écrite de Strasbourg le 25 mai par le chevalier de la Salle, que le roi a envoyé dans la 5e division militaire comme commissaire extraordinaire : « ... Il serait bon, je crois, de changer le commandant de Belfort, le chef de bataillon Legrand, qui est parti depuis la capitulation de cette place : il paraît assez peu aimé, et on le verrait revenir avec déplaisir... »

Si rude que fut le coup, il n'était pas inattendu. De tenaces et solides rancunes, de celles que savent silencieusement nourrir les petites villes, s'étaient, pendant la durée de l'état de siège, accumulées une à une contre le commandant d'armes et s'épanchaient maintenant à barrières ouvertes. Toutes les mesures prises pour la défense de la place : les jardins rasés, les « gloriettes » détruites, les corvées imposées à la bourgeoisie, les réquisitions aux commerçants, le silence à l'autorité judiciaire, tant d'atteintes à l'instinct de propriété, au prestige des personnages en place, avaient rassemblé contre le malheureux Legrand un flot d'animosités (1) auquel le changement de gouvernement ouvrait, semblait-il, des voies inespérées. Dans le fait, en juin 1814, Legrand se voyait suspendu de ses fonctions.

Devant cette lutte nouvelle, qui s'annonce comme autrement âpre que celle soutenue contre les généraux de la Coalition, Legrand ne s'abandonne pas. Il sait bien, en cette époque lointaine de 1814, qu'on ne doit pas s'illusionner au point de croire que le bon droit l'emporte toujours par la seule justice de sa cause.... Aussi, cherche-t-il d'abord des appuis : il les trouve. C'est le général Leval, qui fut commandant de la 5e division militaire, et qui certifie « sa délicatesse et son désintéressement »; c'est Derobert-Duchâtelet, un des anciens officiers de l'adjudant Legrand au régiment de Turenne, qui s'élève avec indignation contre les « dénonciations aussi sourdes que basses » dont « ce brave homme » a été l'objet. Les appuis? ils viennent maintenant en foule : le comte de Barruel-Beauvert, émigré sonore, ingénieux à greffer ses états de service sur ceux de Legrand (2), lui décerne avec

(1) Peu nombreux, mais actifs et influents, les adversaires de Legrand : M. Klié, juge d'instruction, M. Parrot, procureur impérial et solennel défenseur des droits de la légalité pendant le siège, trouvaient ici leur revanche (*Rapport du Bureau de la police militaire : 20 août 1814*). Ils étaient appuyés par un personnage plus considérable encore : le lieutenant-général Pierre Boyer, belfortain d'origine, qui, la paix signée, venait de rentrer dans sa petite ville, et auquel ses procédés expéditifs, au cours des guerres d'Espagne, avaient valu le surnom de *Pierre-le-Cruel*.

(2) Citons le texte de l'apostille qui figure sur la feuille des services de Legrand : « Je soussigné, de qui les sentiments et les actions pour la famille royale ne sont pas douteux, l'ayant toujours servie avec zèle de mon épée et

fougue un brevet de « galant homme ». Enfin (et quoique né d'hier, puisqu'il est établi en France depuis trois mois à peine) le régime représentatif ne saurait manquer à sa première et naturelle fonction. Et voici un mot de recommandation de MM. les députés du Haut-Rhin en faveur de Legrand, « dont la conduite a été sage et honorable », qui fut victime « d'une scandaleuse délation » et qui jouit des sympathies de « la presque totalité de la population de Belfort ». Pour eux aussi, les députés, Legrand est un « brave et honnête militaire ». Plus tard enfin, Le Barbier de Tinan, chef de division au ministère de la guerre, conclut à son tour en faveur du vieux soldat par ces dignes paroles qui, au temps où elles sont écrites, font à la fois l'éloge de celui qui les signe et de celui à qui elles s'appliquent : « ... Ce qu'il y a de certain, c'est que le roi ne peut avoir de meilleurs serviteurs que ceux qui se sont rappelé en tout temps qu'ils étaient Français, et qui en ont donné les preuves les armes à la main. »

Appuyé sur tous ces témoignages, le *Bureau de police militaire*, chargé par le ministre d'un rapport sur le cas de Legrand, réhabilitait pleinement ce dernier (1). Et,

---

de ma plume, ayant été remarqué aux Tuileries le 20 juin et le 10 août 1792, ayant été persécuté, recherché, proscrit, porté sur la liste des émigrés et sur celle des *Mille*, ayant, en qualité d'électeur-député du département de Seine-et-Oise, réclamé la liberté de Madame Royale, et de nouveau proscrit, condamné à la déportation dans l'île de Cayenne, accomplissant à la Tour-du-Temple cinquante-neuf mois de réclusion, condamné encore à un exil indéfini dans l'île d'Elbe et toujours en butte à la tyrannie,

Je certifie que M. Legrand, commandant d'armes à Belfort, m'est connu pour un galant homme, bon militaire, méritant la faveur qu'il sollicite, et je garantirais qu'on peut tabler sur son attachement et son respect pour le Roi.

Paris, rue Montholon, n° 26, le 26 juillet 1814.

Le comte de BARRUEL-BEAUVERT,
ancien colonel d'infanterie,
chevalier de l'ordre royal et militaire de Saint-Louis.

(1) A l'intrigue touffue d'un tel drame, solidement charpenté et où rien ne manque des épisodes classiques, les personnages de traîtres ne devaient naturellement pas faire défaut. Ce fut l'enquête du *Bureau de la police militaire*

le 19 septembre, Legrand était remis en possession du commandement de la place de Belfort (1). Peu après, à

qui les fit découvrir. Un témoin, en effet, y déclare qu'il a vu « une dénonciation adressée, pendant le blocus, au général ennemi, portant des invectives contre les chefs militaires de la garnison et témoignant une grande impatience de le voir entrer dans la place, ainsi que sa troupe. Les rédacteurs de cette pièce s'y qualifiaient de « bourgeois les plus notables ». Cette pièce pourrait être représentée au besoin, ayant été trouvée dans le local occupé par le quartier-général autrichien à Bavilliers; et, malgré qu'ont ait cherché à effacer les signatures, on y distingue encore assez le nom du sieur V..., receveur de l'enregistrement, à Belfort... » (*Rapport du Bureau de la police militaire du 20 août 1814*).

(1) Il y réoccupait, cette période passagère et tourmentée du siège enfin close, son premier et tranquille emploi dans le même esprit de minutie et de prudence qui avait marqué ses dix-huit années de fonctions. C'en est fini des nuits de bombardement, des luttes contre la famine et le froid, des parlementaires chamarrés qu'on renvoie orgueilleusement, des proclamations exaltantes où le ton se hausse au sublime! Pour surveiller la police militaire d'une place de quatrième ordre, plus n'est besoin de faire figure d'un être d'exception, et il convient de déposer l'armature du héros.

A sa modeste et vraie nature, que les circonstances ont cessé de soutenir au-dessus d'elle-même, Legrand est très vite et tout entier revenu. En 1814, il existe en ville, sur la place d'Armes, un café dont le propriétaire se nomme Marcon. Mais ses clients l'appellent aussi (et il y tient) *le Général*. Car, jadis, la pique à la main, il s'est mis à la tête des citoyens de Belfort qui, au cours d'une bruyante et pacifique matinée de septembre de l'an 1792, s'en allèrent conquérir, sur les tyrans et le Wurtemberg, la petite ville rivale de Montbéliard... Or Legrand ayant, après le siège de 1814, repris ses fonctions depuis quelque temps déjà, l'un des fils du *Général*, le jeune « Lili » a prétendu, certain soir, se faire ouvrir la porte de France, et sortir de la place après l'heure réglementaire. Voici en quels termes, de la même plume qui répondit aux sommations de Rechberg, de Bianchi et de Drechsel, Legrand écrit, avec déférence, mais avec fermeté, au vieux vainqueur de Montbéliard :

« Belfort, le 29 janvier 1815.

« L'un de Messieurs vos fils, respectable père Marcon, non content d'avoir été des plus indiscrets (sans doute par suite d'un bon dîner) en se présentant dans ma chambre à coucher le 27 courant à 10 heures trois quarts du soir, accompagné d'un étranger, pour avoir l'ouverture du guichet de la porte de France qui, d'après des motifs dont je ne dois compte qu'à l'autorité supérieure, est fermé à dix heures précises, et comme cette démarche ne m'en présentait aucun d'urgent, je n'ai pas cru devoir obtempérer à sa demande. C'est sûrement pourquoi M. Lili s'est permis l'algarade qu'il m'a faite sans raison et sans réflexion hier après-midi à l'occasion du refus que je lui avait fait la veille.

« Quoique très peu élevé en grade, je vous préviens, tant comme ami que comme ancien camarade, que je ne lui passerai point, à l'avenir, de méconnaître les égards qui sont dus à l'homme en place. Une seconde imprudence, n'importe de quelle nature, pourrait lui occasionner des désagréments et peut-être devenir très préjudiciable à ses intérêts. Veuillez bien, je vous prie, le prévenir de savoir se modérer afin d'éviter le blâme qui résulterait pour son compte d'une nouvelle inconséquence.

« Agréez, je vous prie, mon cher M. Marcon, la nouvelle assurance de mon inaltérable attachement.

« Legrand. »

l'occasion d'un voyage en Alsace du duc de Berry (novembre 1814), il recevait une seconde compensation, ardemment souhaitée celle-là, la croix de la Légion d'honneur, qu'on avait déjà sollicitée pour lui en 1804, en 1806, en 1807, en 1810, puis en 1812, toujours en vain. Le jour où il était décoré, le nouveau chevalier comptait cinquante-six ans d'âge, trente-neuf années de service, une blessure, huit campagnes de guerre, dont la dernière effectuée, dans Belfort assiégé, comme commandant en chef devant l'ennemi.... (1)

Malgré tout, ses adversaires n'ont pas désarmé. Et quand l'Empereur revient de l'île d'Elbe, ils profitent, comme ils l'ont déjà fait, du milieu trouble où s'opère tout changement de gouvernement, pour obtenir enfin l'ordre de départ de Legrand. Le 10 avril 1815 (2), celui-ci était remplacé à Belfort par le major Polosson, non sans quelque brutalité, et il se retirait aussitôt chez sa fille, à Mulhouse, d'où il protestait avec énergie contre le traitement qui le frappait. Un rapport du Bureau des états-majors au nouveau ministre, Davout, était entièrement favorable à Legrand; quelques semaines plus tôt Suchet, chef de la 5e division militaire, avait déjà, dans une lettre officielle, fait l'éloge du « brave militaire » qu'était le commandant d'armes de Belfort. A son tour, Rapp, sucesseur de Suchet, qualifiait lui aussi, et dans des termes qui semblent, chaque fois, trouver leur toute naturelle application, Legrand de « brave homme ». Rien n'y faisait, et Davout, maintenant sa décision, déclarait qu'il existait

(1) Legrand demeura à son poste pendant toute la Première Restauration, sous les ordres d'un officier général, le maréchal-de-camp de la Rochassière, investi des fonctions de « commandant supérieur », à la suite d'une réorganisation dans le classement des places fortes. Legrand fut nommé chevalier de Saint-Louis le 7 mars 1815.

(2) *La Couverture d'une place forte en 1815* (p. 256).

« une grande méfiance et prévention contre cet officier : on ne peut donc lui conserver, dans les circonstances actuelles, son commandement ».

Pourtant, par un acte de tardive justice, on se décidait deux mois plus tard à rendre à Legrand un emploi dans son service, et on le nommait, le 19 juin 1815, commandant d'armes du château d'If, en Provence. Mais, comble de malchance! ce jour du 19 juin, c'est juste le lendemain de Waterloo, et cette demi-faveur (dont Legrand n'aura même pas joui) ne servira qu'à le desservir auprès du gouvernement royal réapparu. Et voici qu'en septembre 1815, on le met, définitivement cette fois, à la retraite.

Malgré tant de traverses, la vie publique du modeste défenseur de Belfort n'était pas encore terminée. Car, par un dernier revirement, sur la proposition du comte de Castéja, préfet du Haut-Rhin, il était nommé le 17 décembre 1817 maire de Belfort. Puis, en 1821, il se voyait conférer le grade de lieutenant-colonel honoraire. C'était enfin sous la magistrature de Legrand que devaient se produire, en 1822, les événements de la célèbre conspiration bonapartiste de Belfort, sans qu'il eût, d'ailleurs, à jouer aucun rôle dans la répression. Il mourait en fonctions, en 1824, suivi dans la tombe, à quatre années d'intervalle, par le colonel Kail (1), son ancien compagnon d'armes du siège de 1814, qui, jusqu'à son départ pour Paris à la fin de l'investissement, lui avait rendu de si constants et si fidèles services.

Il nous faut maintenant revenir sur quelques-uns des événements qui s'étaient déroulés à Belfort entre ce même départ de Legrand et le retrait des troupes alliées. De nombreux incidents (dont l'exposé nous aurait entraînés

(1) Le colonel Kail, lui aussi, s'était retiré à Belfort.

hors des limites de ce récit) (1) avaient en effet rempli, du 15 avril au 15 juin 1814, la période de l'occupation autrichienne. Sans doute, la forteresse de Belfort avait-elle été plus heureuse que ses voisines, les petites places de Landskron et de Blamont, que les alliés devaient démanteler en partie, et conservait-elle intactes ses défenses. Mais elle perdait tout d'abord son matériel d'artillerie, qui fut transporté par Bâle à Ulm dès le mois de mai (2). Rien d'ailleurs de ce qui avait une valeur vénale : mobilier des casernes, matériaux quelconques, ne put échapper à la rapacité des Autrichiens, qui démontèrent et vendirent aux enchères (3), avant leur départ, jusqu'aux montants des fenêtres, jusqu'aux planchers des établissements militaires (4).

(1) V. Chuquet : *L'Alsace en 1814*, et H. Bardy : *Belfort en 1814. La reddition de la place et l'occupation autrichienne.*

(2) Schels.

(3) Toutes ces mesures étaient formellement contraires aux termes de l'article 7 de la capitulation (v. p. 193) qui réservaient la destination à donner au matériel de la place.

(4) Les fonctionnaires français revenus dans le département s'efforçaient en vain de limiter la dévastation. Le chevalier de la Salle, commissaire du roi dans la 5ᵉ division militaire, adressait sans succès ses protestations à Drechsel; le ministre de la Guerre agissait, tout aussi inutilement, auprès de Schwartzenberg; le conflit, enfin, s'élevait jusqu'au ministre des Affaires étrangères, que son collègue de la Guerre priait « d'en écrire au ministre de S. M. l'Empereur d'Autriche, à l'effet d'obtenir, sinon la restitution des objets enlevés, du moins une compensation qui puisse indemniser le gouvernement de cette perte » (*Lettre du 8 avril 1814 du ministre de la Guerre au Prince de Bénévent, ministre des Affaires étrangères*). Bien entendu, aucune solution n'intervenait, et le colonel français directeur des fortifications à Neuf-Brisach résumait, à la même époque, son impression par ce mot mélancolique : « Tout est au pillage ».

Pour transporter chez les acquéreurs le produit de ses ventes quotidiennes, Drechsel s'est constitué un équipage de transport permanent de 40 à 50 voitures, dont il faut, obligatoirement, alimenter les conducteurs et les chevaux. Les Alliés ont en outre, parqué sur les glacis, un troupeau de ravitaillement de 360 têtes de bétail, qui consomme chaque jour une énorme quantité de fourrages. Les 1.200 hommes et les 200 chevaux de la garnison, composée de troupes francfortaises, sont, eux aussi, une lourde charge. Et, naturellement, le règlement de tant de comptes ne se fait pas sans conflits : conflit sur le tarif des monnaies étrangères, qui inondent le département, et auxquelles Schwartzenberg a imposé un cours forcé, conflit au sujet du paiement des fourrages dont l'entrepreneur, un certain Samuel Brunschweig, mécontent des autorités françaises, fait appel à Drechsel, qui intervient en sa faveur avec violence.

Pourtant, avec le mois de juin, la date approchait de la restitution de Bel-

Au reste, le traité de paix qui allait rendre à la Suisse les arrondissements de Porrentruy et de Delémont (l'ancien département du Mont-Terrible) devait aussi avoir pour effet de rapprocher Belfort de la nouvelle frontière et d'en faire un point d'appui plus exposé que jamais. A des conditions géographiques ainsi modifiées devaient donc correspondre des prévisions défensives elles-mêmes plus pressantes. Il fallait dorénavant substituer pour la Place, aux improvisations hâtives de 1813, une préparation qui fût complète au point de vue de la garnison, de l'organisation, et surtout des approvisionnements nécessaires. Il est vrai que, quand, l'année suivante, arrivera l'époque de la deuxième invasion, puis, plus tard, celle de la guerre franco-allemande, on aura eu, pour pourvoir efficacement à tant de besoins, le temps, qui, si fâcheusement, avait manqué à Legrand. A de telles mesures préparatoires, le général Lecourbe en 1815 pendant une brève mais glorieuse campagne, le colonel Denfert en 1870 au cours des cent trois journées d'un siège demeuré célèbre, devront la possibilité de leurs succès et de leur victorieuse résistance. C'est pourtant à leur modeste devancier de 1814, dénué de moyens, de vivres et de troupes, que revient l'honneur d'avoir, par la durée tout au

fort au gouvernement royal. Mais Drechsel, obstiné à conserver sa conquête, a d'abord annoncé qu'il ne s'en ira à aucun prix avant la fin du mois. En même temps, il s'est refusé à tout rapport avec le major français du génie Mécusson, délégué pour les premiers pourparlers. Il va même jusqu'à lui interdire l'entrée de la ville. Puis avec la même rapidité et la même brusquerie, voici au rapport de nos agents, comme il se ravisait :

« *Le directeur des fortifications à Neuf-Brisach à M. Mécusson à Belfort : 6 juin 1814.*

« Vous me prévenez que le général Drakel (*Drechsel*) vous a invité à ne point loger en ville et que vous avez dû chercher un asile dans les environs... »

« *Du même au même : 12 juin 1814.*

« J'ai reçu la vôtre du 10, par laquelle vous me prévenez que le général Drakel (*Drechsel*) vous a dit avoir reçu de son Gouvernement l'ordre de rendre la place de Belfort et que, si vous vouliez, il vous la remettrait....

« ... Je ne sais, mon cher camarade, si vous êtes compétent pour la recevoir vous seul... »

moins, surpassé d'avance leur effort. Dans sa dernière proclamation, datée du jour de la reddition, Legrand affirmait à ses soldats que leur défense, pendant cent treize jours (1), de la Place et du Château de Belfort, « les immortaliserait dans les fastes de l'Histoire ». Termes ambitieux, termes démesurés sans doute, pour qui voudra rapprocher les humbles épisodes que nous venons de suivre sur leur théâtre minuscule, des grands événements qui, dans d'autres lieux, avaient à la même époque tenu le premier plan. Orgueil légitime au contraire, et prétention justifiée, si l'on accepte qu'un exploit guerrier doive tirer son vrai mérite, non de l'étendue fortuite de son cadre ou de la célébrité occasionnelle de ses témoins, mais de la seule valeur propre montrée par ceux qui l'exécutèrent.

(1) Commencé la veille de Noël, le siège s'était terminé le samedi après Pâques.

PIÈCES ANNEXES

I

Première période du siège (24 décembre 1813 - 2 janvier 1814)

PIÈCE ANNEXE N° 1

MOUVEMENT DE L'HOPITAL MILITAIRE DU 24 DÉCEMBRE 1813 AU 4 JANVIER 1814

Date			Total	Morts
Le 24 décembre 1813..	Blessés	40	197 hommes	2
	Fiévreux	157		
Le 25 —	Blessés	40	200 —	»
	Fiévreux	160		
Le 26 —	Blessés	40	200 —	1
	Fiévreux	160		
Le 27 —	Blessés	40	206 —	2
	Fiévreux	166		
Le 28 —	Blessés	46	208 —	»
	Fiévreux	162		
Le 29 —	Blessés	54	213 —	1
	Fiévreux	159		
Le 30 —	Blessés	59	219 —	»
	Fiévreux	160		
Le 31 —	Blessés	60	223 —	3
	Fiévreux	163		
Le 1er janvier 1814....	Blessés	60	221 —	»
	Fiévreux	161		
Le 2 —	Blessés	62	221 —	»
	Fiévreux	159		
Le 3 —	Blessés	64	231 —	1
	Fiévreux	167		
Le 4 —	Blessés	66	220 —	»
	Fiévreux	154		

PIÈCE ANNEXE N° 2

COMPOSITION DES TROUPES DE SIÈGE

(Pour les quatre premières périodes de l'investissement du siège)

a) *Composition de la division Rechberg*

(1re division du corps bavarois : Gal de Wrède)

Commandant de la division : Lieutenant-général RECHBERG.

1re brigade : général-major prince Charles de Bavière

1er régiment d'infanterie (2 bataillons).
3e régiment d'infanterie (1 bataillon).
1er bataillon du Cercle du Haut-Danube (1 bataillon).
3e bataillon d'infanterie légère (1 bataillon).

2e brigade : général-major von Maillot

1er régiment d'infanterie (1 bataillon).
2e régiment d'infanterie (1 bataillon).
2e bataillon du Cercle du Haut-Danube (1 bataillon).
1er bataillon du Cercle du Mein (1 bataillon).
2e bataillon léger (1 bataillon).

1re brigade de cavalerie légère : général-major von Vieregg.

1er régiment de chevau-légers (4 escadrons).
2e régiment de chevau-légers (4 escadrons).
7e régiment de chevau-légers (4 escadrons).

Détachement d'artillerie

6e batterie légère.
6e batterie à pied.

b) *Composition de la division Bianchi*
(1re division d'infanterie des Réserves autrichiennes [1])

Commandant de la division : Lieutenant-général Bianchi.

Brigade Hirsch

Régiment d'infanterie Hiller (2 bataillons).
Régiment d'infanterie Hieronymus Colloredo (2 bataillons).

Brigade Gualemberg

Régiment d'infanterie Hesse-Hombourg (2 bataillons).
Régiment d'infanterie Simbschen (2 bataillons).

c) *Composition de la division Tchoglikoff*
(1re division du corps des grenadiers russes [2])

Commandant de la division : Lieutenant-général Tchoglikoff.

Brigade Kniaschnin II

Régiment de grenadiers d'Ekaterinoslaw (2 bataillons).
Régiment des grenadiers d'Aracktschew (2 bataillons).

Brigade Sulima

Régiment de grenadiers de Tauride (1 bataillon).
Régiment de grenadiers de Pétersbourg (2 bataillons).

Brigade Jamelianov

Régiment de grenadiers de Pernaschke (2 bataillons).
Régiment de grenadiers de Kezholin (2 bataillons).

(1) Les *Réserves autrichiennes*, commandées par le prince de Hesse-Hombourg, se composaient de deux divisions d'infanterie et de deux divisions de cuirassiers, avec de nombreuses réserves d'artillerie.
(2) Le corps des grenadiers russes (3e corps, général Raïeffsky), faisait partie du groupement des *Gardes et Réserves russes et prussiennes*.

d) *Composition de la brigade Schæfer*

Commandant de la brigade : Général-major Schæfer.

Infanterie

Régiment d'infanterie Colloredo (2 bataillons).
Régiment d'infanterie de Zach (2 bataillons).

Artillerie

1 batterie de 6 livres à 8 pièces.

II

Deuxième période du siège (2-15 janvier 1814)

Les négociations avec Bianchi
La suspension d'armes du 10 mars

PIÈCE ANNEXE N° 3

Lettre reçue par un parlementaire (1) *le 9 janvier 1814 à huit heures du soir*

Monsieur le Commandant,

Le sort de la ville ne doit-il donc pas être indépendant de celui du Château?

Qu'en deviendront les habitants de la première, si vous m'obligez à continuer le bombardement, si le blocus, auquel rien ne peut plus s'opposer, se prolonge enfin ?

Certes, ce n'est pas une nouvelle situation dont il y a question ici. Votre expérience de guerre et votre devoir militaire vous ont longtemps prescrit la conduite à tenir en pareil cas.

Mais permettez que j'excite votre attention sur la différence de ce qui appartient à la défense des places et de ce qui n'est que ruine, ravage et malheur de la population.

Si vous conservez le Château de Belfort, vous êtes toujours maître de tous les avantages que la partie vraiment fortifiée vous offre; un peu de temps et vous serez obligé, après avoir fait périr bien des victimes innocentes, d'abandonner une ville qui ne pourra trouver assez de nourriture dans son sein et qui sera incendiée de fond en comble.

(1) Cette lettre de Bianchi (dont nous avons respecté le texte dans ses détails) ouvrait les négociations qui devaient finalement échouer le 14 janvier et qui sont résumées aux pages 71 et 72 (Chapitre III).

Ne voudriez-vous donc pas suivre à cet égard l'exemple de plusieurs places fortifiées, occupées encore par une partie de votre armée et cernées par des forces des puissances coalisées? Il y a les châteaux d'Erfurt, de Würtzbourg et beaucoup d'autres, qui ont déclaré les villes adjacentes séparées des fortifications et qui ont, par cette mesure d'humanité qui ne déroge nullement aux devoirs militaires, sauvé les habitants.

Veuillez me donner quelque réponse et tâcher à ne point faire plus de mal que nécessaire : la vraie gloire n'en est que plus satisfaite.

J'ai l'honneur d'être avec la plus haute considération, Monsieur le Commandant, votre très humble et très obéissant serviteur.

BIANCHI, *lieutenant-général.*

Bavilliers, le 9 janvier 1814.

PIÈCE ANNEXE N° 4

Réponse du Commandant d'armes à la lettre précitée :

Belfort, le 9 janvier 1814.

Monsieur le Général,

Je reçois à l'instant la lettre que vous m'avez fait l'honneur de m'écrire; la réponse demande des réflexions que je dois soumettre au Conseil de Défense, qui ne peut de suite s'assembler.

Demain avant midi, Monsieur le Général, vous aurez une réponse motivée; mais, dans la situation des choses, je pense que le feu doit cesser de part et d'autre. Je donne des ordres en conséquence.

L'officier supérieur qui se rendra près de vous aurait besoin d'un sauf-conduit que je vous prie de m'envoyer.

J'ai l'honneur, etc.

Le Commandant d'armes,

LEGRAND.

P.-S. — L'officier porteur de la présente attendra votre réponse, Monsieur le Général, ainsi que le sauf-conduit.

PIÈCE ANNEXE N° 5

Le Commandant Legrand à Monsieur le Lieutenant-Général Bianchi, commandant les troupes de Sa Majesté l'Empereur d'Autriche, formant le blocus de Belfort, à Bavilliers.

Belfort, 10 janvier 1814.

Monsieur le Général, l'humanité qui fait la base de la lettre que vous m'avez fait l'honneur de m'écrire, m'a décidé à assembler le Conseil de Défense pour y répondre.

Nous désirons, par le même esprit d'humanité, que la ville de Belfort soit entièrement neutre, c'est-à-dire que la garnison cessera d'avoir aucune relation avec elle et que les armées alliées suivront la même convention.

Le fort n'entre pour rien dans ladite convention et conserve toute son indépendance.

La garnison aura dix jours pour monter dans le fort. La bourgeoisie aura la police de la place, et les postes des armées alliées ne pourront être plus rapprochés qu'ils ne le sont en ce moment.

L'officier supérieur qui vous remettra la présente a toute ma confiance et pourra entrer dans des détails qu'il me fera connaître à son retour, et que je soumettrai au Conseil.

Veuillez bien, je vous prie, Monsieur le Général, agréer l'assurance de la haute considération et des sentiments distingués avec lesquels j'ai l'honneur d'être, etc.

Le Commandant d'armes de la Place
et Château en état de siège,
LEGRAND.

PIÈCE ANNEXE N° 6

Le Commandant Legrand à Monsieur le Lieutenant-Général Bianchi, commandant les troupes de Sa Majesté l'Empereur d'Autriche formant le blocus de Belfort, à Bavilliers.

Belfort, le 10 janvier 1814.

Monsieur le Général, d'après l'entrevue qui a eu lieu ce matin entre Votre Excellence et Monsieur le Colonel du 63e régiment d'infanterie de ligne, par suite de votre lettre du 9 courant, j'ai l'honneur de vous demander :

1° La neutralité absolue de la ville de Belfort, qui ne devra être occupée par aucune des parties belligérantes, et, pour en assurer la garantie, je propose qu'il soit nommé des commissaires de part et d'autre;

2° Dans le cas que vous consentiez à ma demande, ainsi que son Altesse Sérénissime le Prince de Schwartzenberg, la garnison aura six jours pour se retirer au fort, à dater de celui que votre réponse me sera notifiée.

La présente, Monsieur le Général, n'est qu'additionnelle aux propositions que j'ai eu l'honneur de vous faire par ma lettre de ce jour.

Agréez, Monsieur le Général, etc.

Le Commandant d'armes,

LEGRAND.

PIÈCE ANNEXE N° 7

Extraits du " Journal de Siège "

10 janvier 1814. — D'après convention faite avec M. le lieutenant-général Bianchi, au service de Sa Majesté l'Empereur d'Autriche, il y a cessation d'hostilité, jusqu'à nouvelle dénonciation, entre la garnison et les troupes coalisées qui en forment le blocus; par suite de cette disposition il ne doit plus être fait de travaux plus rapprochés de la place et du fort que ceux existants.

10 janvier 1814. — Le Commandant d'armes a ordonné itérativement au sieur Labrot, garde-magasin des fourrages et des bois et lumière, de faire monter au fort, sans aucun retard, tous les objets qui ont rapport à son service.

Il lui sera fourni des hommes de corvée afin qu'il ne puisse donner aucune excuse.

PIÈCE ANNEXE N° 8

Le Commandand Legrand à Monsieur Bianchi, lieutenant-général, commandant les troupes autrichiennes formant le blocus de Belfort, à Bavilliers.

Belfort, 12 janvier 1814.

Monsieur le Général, j'ai reçu la lettre que vous m'avez fait l'honneur de m'écrire sous la date de ce jour. J'envoie près de Votre Excellence trois commissaires pris parmi les officiers supérieurs de ma garnison; ces officiers, autant distingués par leur prudence que par leur fidélité à tous les devoirs que l'honneur leur inspire, sont chargés de transmettre à Votre Excellence les conditions sur lesquelles je crois pouvoir traiter sur la position de la ville et du Château de Belfort, me réservant le droit d'approuver ou rejeter les conventions qu'ils auraient faites, si elles n'étaient pas conformes au devoir de ma place et aux intentions que j'ai eu l'honneur de vous faire connaître par mes précédentes lettres. J'ai l'honneur d'être, Monsieur le Général, etc.

Le Commandant d'armes,

LEGRAND.

PIÈCE ANNEXE N° 9

Instructions données par le Commandant d'armes de la Place et Château de Belfort en état de siège, à Messieurs les Officiers supérieurs, nommés par lui pour se rendre près de Monsieur le Général Bianchi, commandant les troupes autrichiennes formant le blocus de Belfort, à l'effet de traiter, avec cet officier général, des articles concernant la neutralité de la ville de Belfort, etc., etc.

1° La ville de Belfort sera absolument neutre et ne pourra être occupée par les parties belligérantes.

2° Le fort n'entre pour rien dans la présente convention, qui ne concerne que la ville de Belfort.

3° Trois officiers seront désignés comme commissaires de part et d'autre, pour veiller à la stricte exécution des conventions.

4° La police de la ville sera faite par la bourgeoisie, et les Commissaires désignés en auront la surveillance.

5° Ainsi que Monsieur le général Bianchi rend compte à son général d'armée, nous demandons à rendre compte au général commandant la division, à Metz (1), de la convention faite pour la ville de Belfort.

6° On ne pourra accepter de convention à moins d'avoir six jours pour que la garnison entre au fort.

7° Les postes des armées alliées resteront dans les lignes qu'ils occupent. Il ne sera fait aucun ouvrage du côté de la ville.

8° La ville jouira des avantages des habitants de la campagne et pourra communiquer avec eux.

9° La ville ne sera sujette à aucune réquisition.

Belfort, le 12 janvier 1814.

LEGRAND.

PIÈCE ANNEXE N° 10

Le Commandant Legrand à Monsieur le Général Bianchi, commandant les troupes autrichiennes formant le blocus de Belfort, à Bavilliers.

Belfort, 13 janvier 1814.

Monsieur le Général, j'ai ratifié les articles de la convention faite, le 12 du courant, entre Votre Excellence et les officiers que j'ai eu l'honneur de lui envoyer pour cet objet; je me suis prêté avec d'autant plus de plaisir à la ratification des articles de la convention, que je les ai jugés basés sur la justice, sur les droits des armées belligérantes, sur l'honneur et l'humanité.

Je désire sincèrement que les articles convenus soient ratifiés par les chefs qui commandent nos deux armées.

Agréez, je vous prie, Monsieur le Général, etc.

Le Commandant d'armes,

LEGRAND.

---

(1) Le commandement du territoire, sur la frontière de l'Est, était réparti, du nord au sud, entre les divisions militaires de Metz, de Strasbourg (de laquelle faisait partie, on le sait, la place de Belfort) et de Besançon. Legrand, sachant Strasbourg et Besançon investis, devait tout naturellement chercher à se mettre en rapport avec son chef le plus proche, le général commandant la division de Metz.

PIÈCE ANNEXE N° 11

Monsieur le général Bianchi ayant répondu concernant la neutralité de la ville de Belfort et sa lettre faisant connaître les prétentions du Prince de Schwartzenberg et la reprise des hostilités, le Commandant d'armes lui a répondu de suite la lettre suivante :

Le Commandant Legrand à Monsieur le Général Bianchi, commandant les troupes autrichiennes, à Bavilliers.

Belfort, 14 janvier 1814.

Monsieur le Général, Son Altesse Sérénissime le Prince de Schwartzenberg ne croyant point devoir accepter la convention que j'ai eu l'honneur de transmettre à Votre Excellence, relativement à la neutralité de cette ville, je ne puis que me renfermer dans les dispositions de ma lettre du 8 de ce mois.

J'ai accordé toutes les conditions qui pouvaient se concilier avec mon honneur et les devoirs de ma place; puisqu'elles ne peuvent être conformes aux intentions de Son Altesse Sérénissime le Prince de Schwartzenberg, la garnison que j'ai l'honneur de commander, ainsi que moi, sommes disposés à supporter avec résignation les horreurs qui sont inséparables d'un bombardement.

Agréez, je vous prie, etc.

Le Commandant d'armes,

LEGRAND.

PIÈCE ANNEXE N° 12

14 janvier 1814. — Par suite de la reprise des hostilités, le Commandant d'armes a ordonné au commandant de l'artillerie, si l'ennemi tirait pendant la nuit, de lui répondre avec autant de succès que possible, afin de lui faire connaître que la Place et le Château ont du canon et des munitions.

III

Troisième période du siège (15-17 janvier 1814)

PIÈCE ANNEXE N° 13

ORDRE DE LA PLACE DE BELFORT EN ÉTAT DE SIÈGE

Belfort, 15 janvier 1814.

Le Commandant d'armes, voulant pousser aussi loin que possible la défense de la Place et remplir à cet égard les devoirs qui lui sont imposés, s'est fait rendre compte par les officiers chargés de la surveillance des approvisionnements en tous genres, pour aviser aux moyens de régler les distributions, afin de donner au soldat les rations nécessaires pour le soutenir dans le service pénible auquel il est journellement assujetti et dont la rigueur est encore augmenté par la saison,

A arrêté :

1° Que la ration de pain serait réduite à 20 onces au lieu de 24 fixées par les règlements.

2° Qu'il sera donné, en remplacement des 4 onces de pain, un quart de litre de vin en sus de ce que prescrivent les règlements.

3° Les jours où ce quart de litre de vin ne sera pas distribué, il sera remplacé par une ration ordinaire d'eau-de-vie : un 16e de litre par homme.

Lorsque les visites (1) ordonnées seront terminées et qu'il aura été rendu compte du résultat, il sera pris de nouvelles mesures pour fixer définitivement les rations en tous genres à accorder à chacun pour arriver au but proposé, de faire la plus longue résistance possible.

Le Commandant d'armes,

LEGRAND.

---

(1) Les visites domiciliaires.

IV

Quatrième période du siège (17-29 janvier 1814)

PIÈCE ANNEXE N° 14

Le Commandant Legrand à Monsieur le Général commandant les troupes autrichiennes, à Bavilliers.

Belfort, le 20 janvier 1814.

Monsieur le Général, les sentiments d'humanité que vous manifestez dans la lettre que vous m'avez écrite le 19 courant, renfermant les principes d'honneur que je professe et qui doivent être ceux de tout militaire, je ne doute point, Monsieur le Général, que vous ne signaliez votre commandement par tous les actes de modération que vous voulez bien m'annoncer et dans lesquels je me plais à reconnaître vos sentiments de sollicitude pour les habitants de la ville que je commande.

Daignez, Monsieur le Général, m'entendre un moment. L'intérêt des puissances coalisées est sans doute d'avoir la ville de Belfort, celui de la France est de la conserver; mon honneur me fait l'obligation de la défendre.

Des habitants se sont permis de passer vos avant-postes : ils l'ont fait sans ma participation, mais il est un motif auquel on puisse attribuer leur fuite de la ville : il n'est causé que par la crainte d'un bombardement que des femmes, et peut-être quelques hommes pusillanimes, ont sans doute redouté, car nous ne craignons encore rien relativement à nos ressources.

Quant aux dispositions hostiles dont vous menacez les bourgeois de Belfort s'ils se présentent à vos avant-postes, votre humanité vous y fera sans doute réfléchir. Que peuvent des habitants paisibles sur une garnison qui a tout pouvoir et toute autorité? Souffrir et se taire. Je vais cependant, Monsieur le Général, les instruire de vos intentions à leur égard.

Fidèle à mes principes et à mes devoirs, je manifeste à Votre Excellence les mêmes sentiments d'honneur qui ont dicté les lettres que j'ai répondues à Messieurs les Généraux alliés qui vous ont devancé dans votre commandement. Je dois servir mon Prince et, le servant, je suis sûr de mériter votre estime, et c'est un point auquel j'attache un grand prix.

LEGRAND.

PIÈCE ANNEXE N° 15

Extraits du "Journal du Siège"

17 janvier 1814. — Pendant les 24 heures, l'ennemi n'a fait aucune démonstration. Malgré les brouillards, d'après les avis des personnes employées aux découvertes, il y avait que l'investissement de la Place a été laissé par les Autrichiens à des troupes prussiennes (*sic*) et à des Cosaques qui, jusqu'alors, ont resté dans les mêmes positions.

19 janvier 1814. — D'après des renseignements recueillis près des personnes de confiance que j'ai employées, de fortes colonnes ennemies sont passées par Giromagny, qui est à trois lieues de cette Place, et se sont dirigées sur la route de Vesoul. Les renseignements recueillis et reçus à cet égard démontrent que l'ennemi a beaucoup de monde en avant.

22 janvier 1814. — Malgré la grande quantité de neige, il passe toujours par les bois de Danjoutin et Bavilliers des convois d'artillerie qui, d'après les renseignements qu'il est possible de se procurer, se dirigent sur les routes de Besançon et de Vesoul.

PIÈCE ANNEXE N° 16

Le Commandant d'armes des Place et Château de Belfort en état de siège, à tous les militaires qui composent la garnison :

Belfort, 28 janvier 1814.

Braves militaires,

La Patrie remet ses destinées dans vos mains. Français, jamais vous ne saurez trahir cette haute confiance que vous avez su mériter par vos brillants exploits et que je rougirais de vous refuser.

L'ennemi vous cerne depuis plus d'un mois. Cet espace, quoique long, n'est rien pour des braves. Vous lui avez résisté : ces grands appareils militaires, ces foudres de la guerre vous ont prouvé son impuissance; vos murs sont intacts, votre forteresse est au-dessus de ses moyens, et votre bravoure au-dessus de tout.

De puissants renforts nous arrivent; notre Empereur ne nous abandonnera point; le canon, entendu de toutes parts, nous annonce que notre Patrie existe, que des milliers de braves viennent à nous pour nous délivrer d'un ennemi audacieux qui a osé croire que quelques succès éphémères le rendraient l'arbitre de nos destinées, et que sa présence chez nous serait l'instant où la Gloire française aurait cessé d'exister.

Le Commandant d'armes se loue beaucoup des militaires qui composent sa garnison, et il se croit heureux de dire qu'ils seront ce qu'ils ont été : fermes et inébranlables sur les murs de Belfort.

Notre Auguste Souverain connaîtra votre conduite; il saura l'apprécier, la récompenser, et je me ferai un vrai devoir d'être, au pied du Trône, l'interprète de votre bravoure et de votre fidélité.

Le Commandant d'armes,

LEGRAND.

V

Cinquième période du siège (29 janvier - 14 avril 1814)

La police dans la Place.
Rapports du Commandement avec la population et avec l'ennemi.

PIÈCE ANNEXE N° 17

Le Commandant Legrand à Monsieur Klié, juge d'instruction près le Tribunal civil de l'arrondissement de Belfort.

Belfort, 6 février 1814.

Monsieur le Juge d'Instruction, il existe dans cette ville nombre de personnes mal famées dont les besoins multipliés, augmentant chaque jour, ne peuvent que les porter à des extrémités criminelles. La conduite, le nombre de ces mêmes personnes vous sont parfaitement connus, attendu que vous êtes magistrat dans cet endroit depuis plusieurs années; la sûreté et l'ordre public exigent à leur égard une surveillance active. J'ai pensé, monsieur, ne pouvoir mieux déposer le maintien de cette même sûreté qu'entre vos mains. Comme juge d'instruction, et d'après les attributions que vous donne le Code criminel, vous connaissez les mesures à prendre dans les circonstances. Je vous prie de les continuer quant à la police intérieure de la place que je commande, et vous autorise de requérir la force publique pour l'exécution de ce que vous jugerez nécessaire à l'effet de prévenir ou découvrir les crimes et les délits qui pourraient s'y commettre. Je ne doute pas un instant, connaissant, monsieur, votre zèle pour le bien public, que vous acceptiez la délégation que je remets dès aujourd'hui entre vos mains de ces mêmes fonctions, délégation à laquelle m'autorise l'article 101 du décret impérial du 24 décembre 1811 (1).

(1) Décret sur la défense des places de guerre.

Je m'en remets à vos soins pour la marche à tenir, et vous prie de m'informer du nom des personnes qui mériteront votre confiance pour vous aider, afin que je leur donne les ordres nécessaires, à l'effet d'exécuter les vôtres.

Je joins à la présente les noms des hommes détenus d'après mes ordres dans les prisons de cette place, contre lesquels je vous prie de prendre des informations.

Le Commandant d'armes,

LEGRAND.

PIÈCE ANNEXE N° 18

Règlement de Police du 1er mars 1814 (Extraits)

Nous, commandant des ville et château de Belfort,

Considérant qu'en vain, jusqu'à présent, Monsieur le Maire de cette ville a employé, sous notre approbation, la voie de proclamation à ses administrés de tenir propres les rues et le devant des maisons qu'ils habitent, que les habitants en majeure partie y sont restés sourds et qu'à l'exemple pernicieux des uns et des autres ils encombrent les rues de toutes sortes d'ordures et d'immondices, ce qui, de nécessité. doit rendre l'air insalubre et augmenter les maladies déjà trop multipliées et occasionner une destruction de laquelle nous n'aurons tous que trop à gémir. Il nous paraît donc qu'il est de notre devoir d'employer notre autorité pour forcer les insouciants à faire ce qu'ils devraient sans notre concours.

... Nous allouons, pour chaque rapport qui sera dressé, *un franc*, payable par les délinquants et solidairement, sans préjudice de l'amende édictée par la Loi et des autres dépens et même du remboursement ou paiement des personnes employées d'office pour effectuer les balayages, nettoyements et enlèvements à leur charge.

Nous invitons Monsieur le Juge de Paix de cette ville, qui est, ainsi que nous, animé de l'esprit d'ordre et du bien public, à sévir contre tous ceux qui se raidiront contre l'exécution des dispositions du présent règlement. Nous attendons de même, de la part de Messieurs les Maire et Adjoints, qu'ils nous seconderont et tiendront la main à ce que leurs administrés et leurs agents de police soient exacts à leurs devoirs.

Ordonnons que le présent règlement sera, après avoir été enregistré aux registres de la mairie, lu, publié à son de trompe dans toutes les rues, carrefours et autres lieux usités de la ville, afin que personne ne puisse en prétendre cause d'ignorance.

Le Commandant d'armes,

LEGRAND.

PIÈCE ANNEXE N° 19

Extrait du " Journal de Siège " du 3 mars 1814

Les Dames dites de la Charité, au nombre de vingt et dont les noms suivent, savoir :

LEGRAND, épouse du Commandant d'armes;

MENGAUD, épouse du sous-préfet;

BOILLOZ, KELLER, MEYER, NITZOL, VERNIER, LIÉMORT, GODINOT, FOURNIER, LANG, GÉRARD, BILLIG, GENTY, BELLEGARDE, BELLING, ROYER, VOYTIER, DELAPORTE et WILD, épouses des citoyens respectables de la commune, ont trouvé moyen, par leurs soins, de continuer les soupes économiques aux indigents de la ville, dont le nombre s'élève à plus de 400. Le dévouement de ces dames pour l'humanité souffrante dans les circonstances actuelles doit être apprécié par toutes les âmes sensibles : aucune peine ni sacrifice ne leur coûtent. Les citoyens aisés de la commune secondent leurs bonnes intentions par des dons gratuits.

PIÈCE ANNEXE N° 20

COLONNE DES DATES	fr.
Georges,	600
Gérard,	300
Haas,	300
Godinot,	300
Hugonin,	300
Cuenin,	300
Hermann,	300
Billig,	200
Métrot,	200
Triponé,	200
Clerc (Ch.),	200
Clerc (P.),	200
Fournier,	200
Fournier,	200
Lehmann,	200
Mengaud,	200
Lapostolet,	200
Blétry,	200
Veuve Royer,	200
Mairan,	100
Keller,	100
Rechoux,	100
Roland,	100
Veuve Genty,	100

A Messieurs les Citoyens les plus fortunés de la Commune, dont les noms sont à la colonne des dates :

Belfort, 6 mars 1814.

Messieurs, vous n'ignorez pas les privations que, depuis l'investissement de cette place, la garnison a été dans le cas d'éprouver, malgré les sacrifices auxquels les habitants de Belfort se sont portés avec un patriotisme que je sais bien apprécier et qu'il me sera bien agréable de mettre sous les yeux de Sa Majesté; les circonstances ont exigé que l'on diminuât la ration du soldat, tandis que la fatigue extraordinaire de son service commandait que cette ration fût doublée.

J'ai employé jusqu'ici tous les moyens que j'ai jugés les plus convenables et les moins onéreux aux habitants, pour me procurer les fonds nécessaires à l'amélioration de nos braves frères d'armes, tant pour les aliments que pour la propreté, objets qui influent aussi essentiellement sur leur santé : ces moyens, vous le savez, Messieurs, sont loin d'être suffisants et, cependant, les besoins du militaire n'en sont pas moins urgents. Au lieu d'user des droits attachés au commandement qui m'est confié, j'ai pensé qu'il suffirait de faire entendre aux citoyens fortunés la voix du patriotisme et de l'honneur, et de les inviter à faire, sur leurs contributions de l'année courante, une avance, dont, sans nul doute, le gouvernement leur tiendra compte, en applaudissant au motif qui les aura guidés.

COLONNE DES DATES	
	Persuadé, Messieurs, que vous partagez pleinement ces principes, et que vous vous empresserez de concourir à mes vues, qui ne tendent qu'à conserver à Sa Majesté une forteresse importante, je viens vous inviter à verser le plus tôt possible, dans la caisse de Monsieur Haas, receveur de l'arrondissement, qui vous en fournira reçu, la somme de... (chacun en raison de sa fortune) que j'ai jugée loin de disproportion avec votre fortune. Ce sera pour moi un vrai plaisir, comme un devoir bien doux, de vous signaler au souverain, dans le compte que j'aurai à lui rendre d'un siège (que tout nous annonce comme devant se terminer sous peu de jours à la gloire de ses armes) comme des citoyens auquel nul sacrifice, aucune privation n'a coûté, dès qu'il s'agit du salut de l'Empire et de l'honneur du nom français. *Le Commandant d'armes,* LEGRAND.

PIÈCE ANNEXE N° 21

Extrait du " Journal de Siège " du 12 mars 1814

Par suite de la lettre du Commandant d'armes du 22 février dernier à Monsieur le Maire de la ville de Belfort, les citoyens ci-après désignés ont fait don de la quantité de 1.101 kilogrammes de grains pour l'approvisionnement de la garnison, savoir :

MM. QUELLAIN, maire; DEGÉ, adjoint; ELLERIQUE, ECOFFET, PETIT-JEAN, membres du Conseil municipal	100 kil.
KLEINCK	50 —
KELLER	50 —
KELLER	75 —
BOILLOT	72 —
GODINOT	19 —
HAAS	86 —
GEORGES	90 —
DREYFUS	50 —
CURTEL	75 —
FOURNIER	50 —
DAUPHIN	86 —
LAPOSTOLET	58 —
MÉTROT et LACOMPARD	90 —
HERMANN et JUSTER	50 —
BLÉTRY	100 —
	1.101 kil.

PIÈCE ANNEXE N° 22

Réunion du 15 mars 1814 **(Extrait du Journal de Siège)**

Les bourgeois les plus notables de la ville s'étant réunis dans la salle de la maison commune, à dix heures du matin (en suite de la convocation faite par Monsieur le Maire et de l'invitation de Monsieur le Commandant d'armes), Monsieur le Colonel du 63e régiment d'infanterie, chargé par Monsieur le Commandant d'armes d'expliquer les motifs de la réunion a dit :

« Messieurs,

« L'intention qui a donné lieu à l'invitation qui vous a été faite de vous réunir n'aura sans doute pas échappé à votre perspicacité; cependant, comme il est nécessaire de lui donner un développement, je vais essayer de le faire. La position où nous

nous trouvons en est le motif : une partie du territoire français est envahie et subit le joug honteux de nos ennemis; des efforts surnaturels se font par nos braves compatriotes pour nous en délivrer. Vous n'avez pas, citoyens de Belfort, attendu leur exemple pour montrer votre dévouement à la Patrie : vos nombreux sacrifices l'ont prouvé; mais à quoi auraient-ils servi si, au moment d'être couronnés du plus heureux succès, nous ne prenions de concert les moyens de les rendre fructueux au sort de notre malheureux pays? Français, ce titre si glorieux vous demande, dans ce moment désastreux, de nouveaux sacrifices et, je le répète, ce que vous avez fait n'est rien si vous ne persistez dans vos bonnes intentions. Les subsistances pour la garnison vont bientôt être épuisées: quantité d'habitants ont besoin de secours, l'humanité vous implore, la France va vous mettre au nombre de ses bienfaiteurs et l'honneur vous en fait le plus saint des devoirs. Je ne ferai pas valoir l'intérêt particulier que vous avez tous à prolonger la défense de la place, lorsque de si puissants motifs vous ont été présentés.

« La garnison remplira ses devoirs, mais n'a-t-elle pas lieu d'attendre de vous des secours que le gouvernement ne peut lui donner?

« Je vous prie, Messieurs, de peser dans votre sagesse les mesures que je vais avoir l'honneur de vous proposer :

« 1° Que les personnes qui sont redevables au gouvernement pour les impôts arriérés s'acquittent dans le plus court délai.

« 2° Que les propriétaires qui ont acquis des biens communaux et dont les termes de paiement sont échus, ayent à en faire le versement à qui de droit, s'ils ne veulent être déchus de toutes prétentions à leurs acquisitions.

« 3° Et, dans le cas que ces deux moyens seraient insuffisants pour le but que l'on se propose, il soit prélevé, sur 1814, trois mois de contributions.

« Je ne crois pas, messieurs, que ces moyens soient onéreux ou vexatoires, et j'aime à me persuader que vous rendrez justice au zèle qui me fait agir. Veuillez bien manifester notre manière de penser et proposer les moyens qui vous paraîtraient plus efficaces. »

Ce discours a été entendu avec calme et les propositions faites ont été accueillies. Il a été vérifié qu'il restait peu de chose à recouvrer sur l'arriéré des contributions de 1813 et qu'il n'était rien dû pour acquisition des fonds communaux, qu'il ne restait par conséquent de ressources que dans la perception des trois premiers mois de la contribution de 1814. Tous les citoyens réunis, en remerciant la garnison des efforts inouïs qu'elle a faits pour la défense de la place, ont unanimement exprimé le vœu qu'il soit procédé de suite à la perception des trois premiers mois de la contribution de 1814. Quelques-uns ont fait offre des six premiers mois; et, comme le produit de cette contribution doit servir à alimenter la garnison et les citoyens qui manquent de vivres, Monsieur le Commandant d'armes à été prié de faire nommer par Monsieur le Maire deux membres du Conseil municipal qui seront chargés, avec un officier de la garnison (1), de surveiller l'emploi des fonds et des subsistances, L'assemblée s'est ensuite dissoute.

PIÈCE ANNEXE N° 23

Adresse des Notables de la ville de Belfort au Commandant d'armes :

Belfort, le 16 mars 1814.

Monsieur le Commandant,

Les notables de la ville de Belfort ont été assemblés hier sur votre demande, pour aviser aux moyens de fournir, dans les circonstances malheureuses où nous nous trouvons, des subsistances à la garnison et aux bourgeois indigents. La conduite des habitants de cette ville ne s'est point démentie depuis le commencement du blocus : les magasins des négociants et des marchands ont été ouverts, et vous y avez fait puiser à volonté, Monsieur le Commandant, des denrées de toutes espèces pour l'alimentation de la garnison; ces denrées seules l'ont nourrie, puisque la Place n'en renfermait aucunes autres lors de l'investissement. Ces mêmes négociants, ces mêmes marchands et en particulier chaque bourgeois se sont encore dépouillés de leur nécessaire pour venir au secours des militaires logés chez eux; ils ont distrait des subsistances indispensables pour l'existence de leur famille et ont ainsi paré aux besoins qui devenaient chaque jour plus urgents chez les militaires; mais les bourgeois

---

(1) Les commissaires « de surveillance » désignés furent, pour les civils, MM. Ordinaire et Clerc, et pour les militaires, le capitaine Dubreuil.

de Belfort sont Français, ils connaissent leurs devoirs et, en les remplissant avec zèle et dévouement, en s'exposant aux horreurs de la famine pour aider les soldats de la garnison qui assiègent journellement leurs portes, ils ne cherchent et ne demandent d'autre récompense que celle que tout homme de bien trouve en son cœur lorsqu'il aide son semblable. Cependant, Monsieur le Commandant, ces mêmes bourgeois auraient pu se promettre quelque reconnaissance : l'harmonie, l'accord qui ont régné hier dans l'assemblée des notables, le consentement de ceux-ci, à l'unanimité, à tout ce qui a été proposé, les regrets mêmes qu'ils ont manifesté de ne pouvoir aller au delà, tout, enfin, a dû faire croire que Messieurs les Officiers composant le Conseil de Défense étaient sensibles à la conduite généreuse que les habitants ont tenue jusqu'à cette époque. Les habitants pensaient que les forces renfermées dans cette ville ne devaient servir qu'à attaquer utilement l'ennemi ou à le repousser avec vigueur; toute autre tentative devenant nuisible à l'intérêt commun et dangereuse aux bourgeois.

Sans doute, Monsieur le Commandant, que ceux-ci n'ont pas le droit de sonder vos projets, pas plus que de calculer les mesures que votre sagesse et vos connaissances militaires vous suggèrent; mais, en vrais Français qui feraient tout pour leur pays, ils ont tout fait pour la garnison; ils se permettent d'avoir l'honneur de vous représenter aujourd'hui, qu'il est évident que le bombardement de la nuit dernière n'a été que la suite des hostilités commises hier par les soldats de cette garnison; ils diront avec franchise que le public raconte ce fait comme n'ayant pas été le résultat de vos ordres, mais bien de ceux d'un officier supérieur de cette garnison, officier, s'il faut en croire le même bruit public, qui verrait avec satisfaction le feu consumer la ville entière. C'est dans cette même opinion que les mêmes bourgeois ne devant respecter, Monsieur le Commandant, que votre autorité, se permettront de dire que les hostilités faites dans la soirée du jour d'hier, n'ont eu d'autre effet que d'irriter l'ennemi, qui s'en est vengé sur les malheureux bourgeois en endommageant leurs propriétés et en tâchant d'incendier la ville; que ces hostilités, dont le but est encore ignoré, mais dont l'effet a été terrible, occasionneront, si elles se répètent encore, la ruine des habitants, sans améliorer le sort de la garnison, sans être d'aucune utilité au gouvernement.

D'après ces raisons, Monsieur le Commandant, les bourgeois réclament, au nom de l'humanité, au nom de cette justice qui doit présider à toutes les actions des hommes, le diront-ils? au nom des efforts qu'ils ont faits jusqu'à présent, que vous veuilliez, comme seule autorité militaire de la Place, et se plaisant à vous regarder comme leur soutien, leur appui, leur accorder protection et les sauver à l'avenir d'un bombardement provoqué sans nécessité, sans but utile pour l'Etat ou la garnison, et qui n'aurait d'autres résultats que de consommer la ruine des habitants.

Signé : DEGÉ, notaire; BELOUX-CLAVÉ, TRIPONÉ, notaire; GUY, FELEMÉ, STEULLET, juge de paix; LEBLEU, HUMBERT CLER, FOURNIER cadet, FOURNIER aîné, HOLDER, BLÉTRY, COURTOT, PETITJEAN, VOYTIER, JUSTER.

PIÈCE ANNEXE N° 24

***Réunion du 28 mars 1814* (Extrait du Journal de Siège)**

Les citoyens les plus aisés et les plus riches de la ville ont été convoqués aujourd'hui, à trois heures après-midi, en suite d'une invitation individuelle.

L'assemblée a eu lieu dans la salle de la Maison Commune, sous la présidence de Monsieur le Commandant d'armes, en présence de Messieurs du Conseil de Défense, de Monsieur le Sous-Préfet et du Maire.

Monsieur Kail, colonel du 63e, a porté la parole et a dit :

« Messieurs,

« Dans votre réunion qui eut lieu dernièrement, vous avez montré qu'il n'existait qu'une même opinion et que les mêmes sentiments dirigeaient les Belfortains; vous avez montré, enfin, le dévouement le plus absolu à Sa Majesté l'Empereur et Roi, vous vous êtes rendus dignes du nom français. Bons citoyens, lorsque tout annonce le succès et l'approche de nos armées, lorsque l'espérance la mieux fondée nous fait apercevoir que nous allons recueillir les fruits des peines, des travaux et des privations que nous avons éprouvés, un dernier effort pourrait-il vous coûter? Non, j'en suis sûr. Ce n'est point un sacrifice qui vous est demandé; c'est un prêt au Gouvernement, qui, j'en suis certain, vous sera remboursé en très peu de temps, et qui, dans tous les cas, vous serait précompté sur vos contributions. Une somme de 6 ou 8 mille francs est absolument nécessaire pour prolonger la défense de la Place, en nous mettant à même de nous procurer des subsistances, seule chose qui nous manque pour conserver ce boulevard très important à la France. Je ne dois pas dissimuler que la bourgeoisie a déjà beaucoup souffert, que la prolongation du blocus doit la faire souffrir encore plus, mais un avenir plus affreux la menace, si, par un défaut d'énergie, de constance ou de résignation, elle s'exposait à soutenir un siège en règle sous la domination de l'ennemi. Dans cette alternative également pénible, elle ne doit pas hésiter à choisir le mal à la vérité le plus prochain, pour éviter des malheurs beaucoup plus grands et qui compromettent évidemment et plus essentiellement les propriétés et la vie des citoyens. Vous contribuerez donc puissamment à chasser l'ennemi de notre pays en ne lui livrant pas une place qui lui servirait de point d'appui pour résister à nos armées victorieuses. Que chacun de vous, citoyens, se taxe selon ses moyens et sa bonne volonté, et un procès-verbal sera dressé pour faire connaître les noms de tous les citoyens qui auront fait des avances; ce procès-verbal sera transcrit sur le Journal de Siège, afin que Sa Majesté ne puisse pas ignorer votre dévouement et tout ce que vous avez fait pour la Patrie.

« Vive l'Empereur! »

Ce discours a été écouté avec le plus vif intérêt. Les citoyens présents, après avoir fait quelques observations sur l'état actuel des choses, ont senti la nécessité de seconder l'énergie et la bravoure de la garnison et émis le vœu qu'il soit ouvert un registre pour l'insertion des offres qui seraient faites, afin que les citoyens absents de l'assemblée puissent concourir à l'accomplissement des intentions de M. le Commandant. Cette mesure a été adoptée, et les noms des souscripteurs seront inscrits dans le Journal du siège.

PIÈCE ANNEXE N° 25

RELEVÉ DES SOUSCRIPTIONS faites par des citoyens de la ville de Belfort, dans la réunion des notables qui a eu lieu à la mairie le 28 mars 1814, pour prêts à valoir sur les contributions de l'année et suivantes, ainsi qu'il a été décidé dans ladite réunion provoquée par Monsieur le Commandant d'armes, et à laquelle ont assisté les membres du Conseil de la Défense de la place.

NOMS DES SOUSCRIPTEURS	SOMMES SOUSCRITES	SOMMES payables COMPTANT	EN EFFETS	OBSERVATIONS
GROSJEAN, Rr Gl des droits réunis.......	700	»	700	Echu 1er oct. 1814
QUELLAIN, maire......	50	50	»	
BILLIG, Inspr des forêts.	300	»	300	Echu 30 juin
MÉTROT Louis........	100	100	»	
MENGAUD, sous-préfet.	240	»	240	Échu 1er juillet
GEORGE Paul.........	600	600	»	
GÉRARD, Inspr des forts	240	»	240	Échu 30 juin
BRUNSCHWIG Nathan...	15	15	»	
KELLER Antoine......	25	25	»	
GENTIL, veuve........	15	15	»	
FOURNIER aîné	25	»	25	à 3 mois
GODINOT Xavier.......	100	»	100	à 1 m. après le blocus
PETIT-JEAN, avocat....	15	15	»	
BLUM Isaac..........	50	50	»	
BLÉTRY J.-Bte........	100	100	»	
CURTEL Georges......	150	150	»	
FOURNIER cadet......	10	10	»	
LALOMBARDIÈRE, chef de bon ct l'artillerie.	600	600	»	
TOTAL.......	3335	1730	1605	

On observe que M. Grosjean, receveur des droits réunis, et M. Lalombardière, commandant d'artillerie, ont souscrit pour des sommes qu'ils offrent comme prêt au Gouvernement pour les besoins de la garnison et non à valoir sur les contributions.

Certifié le présent relevé portant la somme de 3.335 francs dont 1.730 francs comptant et 1.605 francs en effets.

A la mairie de Belfort, le 30 mars 1814.

Le Maire de Belfort,

QUELLAIN.

PIÈCE ANNEXE N° 26

Le Commandant Legrand à Monsieur le Général commandant les troupes autrichiennes formant le blocus de Belfort, à Bavilliers.

Belfort, 28 mars 1814.

Monsieur le Général, aucune considération ne doit arrêter un militaire qui marche dans le sentier de l'honneur : c'est le plan que j'ai suivi sévèrement dans la défense de la Place confiée à mon commandement. Votre Excellence a bien voulu me témoigner son estime sur la conduite que j'ai tenue jusqu'à ce jour. Ce sentiment, de la part d'un brave militaire tel que vous, Monsieur le Général, m'honore trop et est trop cher à mon cœur pour que je ne cherche pas à forcer Votre Excellence à porter ses sentiments d'estime pour moi et ma brave garnison au plus haut degré, et ce n'est que par une défense qui ne doit cesser que faute de moyens, que j'aurai acquis aux yeux de mon Souverain, à ceux des Français et aux vôtres, le prix de mon dévouement : c'est l'honneur sans nuages.

Je suis charmé que Son Excellence le Prince de Schwartzenberg ait autorisé Votre Excellence à traiter avec moi pour la reddition de la Place et Château de Belfort. Cette condescendance de la part du Prince me garantit de la vôtre, lorsque le moment de parler capitulation sera arrivé, des conditions d'autant plus honorables qu'elles seront basées sur une défense que Votre Excellence aura dû apprécier.

Il ne serait pas plus honorable, pour un général des Princes alliés, de recevoir les clefs d'une place qui aurait des moyens de défense, qu'à moi de les céder lorsque l'honneur le défend.

Agréez, je vous prie, Monsieur le Général, etc., etc.

LEGRAND.

PIÈCE ANNEXE N° 27

A Monsieur le Maire de la ville de Belfort.

Belfort, 2 avril 1814.

Monsieur le Maire, le Conseil de Défense a reçu la lettre que vous lui avez fait l'honneur de lui écrire; il a été pénétré de sa vérité, il a pensé que la sortie de Monsieur George (1), lors de l'assemblée tenue le 28 mars dernier, était déplacée. Monsieur le Maire, le Conseil ne pourrait que l'improuver : il a vu un magistrat offensé : le premier magistrat de la cité! Vous demandez au Conseil si de pareilles sorties ont pu changer son opinion sur votre compte, sur votre administration. Non, Monsieur le Maire, le Conseil est pénétré des peines que vous avez éprouvées et désire l'union des habitants et le respect aux autorités; il sait rendre justice à vos bonnes intentions, il les a toujours reconnues dans toutes les parties de votre administration, il vous remercie de vos veilles et de vos soins et vous prie de croire que rien ne peut changer son opinion : tout ce qui pourrait troubler l'harmonie si nécessaire dans une circonstance critique, ne pourrait qu'ajouter aux sollicitudes du Conseil.

Les Membres du Conseil de Défense.

(1) On a vu (page 139) comment l'ancien maire de Belfort, M. George, avait violemment pris à partie son successeur Quellain, au cours de la réunion du 28 mars.

VI

La Capitulation - Legrand et les Belfortains

(Du nº 28 au nº 33 : 6 pièces)

PIÈCE ANNEXE N° 28

Le Commandant Legrand à Monsieur le Général commandant les troupes autrichiennes, à Bavilliers.

Belfort, 11 avril 1814.

Monsieur le Général, j'ai rempli à l'égard de mon Souverain et de ma Patrie les devoirs sacrés que l'honneur m'imposait; j'ai défendu pendant plus de trois mois et demi la place qui m'était confiée. Je dois cette longue résistance aux efforts, à la bravoure et aux privations multipliées de ma brave garnison; les officiers de tout grade et les soldats se sont couverts d'une gloire que rien ne peut ternir et c'est cette même gloire qui leur donne des droits au traitement honorable qu'ils attendent de Votre Excellence.

J'ai donc l'honneur d'adresser à Votre Excellence les articles de capitulation que je crois devoir lui proposer. En les acceptant, vous saurez, Monsieur le Général, apprécier les égards que l'on doit à des braves soldats qui, quoique ennemis par les événements de la guerre, n'en ont pas moins de droits à cette estime réciproque, fondée sur l'honneur et sur la loyauté militaire.

Monsieur le colonel Kail ainsi que Monsieur le capitaine Emon, qui se rendront auprès de vous, Monsieur le Général, sont pleinement autorisés par moi à entrer dans les détails et les observations nécessaires sur ma proposition : leur travail, néanmoins, reste subordonné à ma ratification.

En me conduisant comme je l'ai fait, j'aurai mérité l'estime de Votre Excellence à laquelle j'attache le plus grand prix.

Le Commandant d'armes,

LEGRAND.

PIÈCE ANNEXE N° 29

Capitulation faite entre Monsieur Legrand, chef de bataillon commandant la ville et le château de Belfort, et M. le Lieutenant-général baron de Drechsel, commandant les troupes du blocus desdits ville et Château.

Des commissaires ont été nommés de part et d'autre. Monsieur le commandant Legrand a nommé Messieurs Kail, colonel du 63e régiment d'infanterie, officier de la Légion d'honneur, et Emon, capitaine chef du génie, et Monsieur le Général Drechsel, Messieurs Young, major du régiment Kaiser-infanterie, Scherer, capitaine au même régiment, et Gernsdorf, capitaine du génie. Ces messieurs, munis de pleins pouvoirs pour traiter, sont convenus de ce qui suit, savoir :

ARTICLE PREMIER (1)

Les ville et Château de Belfort seront reçus par les troupes autrichiennes au nom et pour le gouvernement provisoire français le 16 avril du présent mois à 8 heures du matin, dans le même état où ils se trouvaient lorsque l'on a commencé la présente capitulation. La porte de France et la porte de secours du Château seront occupées par les troupes de Sa Majesté l'Empereur d'Autriche le 15 à 8 heures du matin, et demain, 13 du courant, la porte de France sera occupée à 6 heures du matin par un officier, un sergent, 2 caporaux et 20 hom-	Les ville et Château de Belfort seront rendus à Monsieur le Lieutenant-Général commandant les troupes du blocus, le 16 avril du présent mois, à 8 heures du matin, dans le même état où l'on a commencé la présente capitulation, c'est-à-dire au 12 du présent.

(1) Dans ce texte (extrait du Journal de Siège), les propositions françaises sont mises (colonne de droite) en regard des stipulations définitives (colonne de gauche).

mes de la garnison et par un même nombre d'hommes de même grade des troupes autrichiennes. Les postes français extérieurs rentreront dans l'intérieur de la Place à la même heure; dès lors, toutes les communications seront libres sur tous les points.

ARTICLE DEUX

Accordé.

La garnison sortira avec armes et bagages, mèche allumée, précédée de deux pièces de canon et deux caissons au choix du commandant.

ARTICLE TROIS

Dès que la garnison aura dépassé le faubourg de France et sera arrivée sur la route de Paris, elle déposera les armes, les deux pièces de canon ainsi que les deux caissons. Les chevaux d'artillerie, de cavalerie et du train seront rendus aux troupes autrichiennes, les officiers garderont leurs armes, leurs chevaux et tous les effets qui leur appartiennent.

Les sous-officiers, soldats et domestiques des officiers conserveront leurs bagages.

Les officiers, sous-officiers et soldats conserveront leurs chevaux, armes et bagages.

ARTICLE QUATRE

Refusé.

La garnison prêtera le serment de ne pas porter les

La garnison sera rendue aux avant-postes français par le chemin le plus court; elle em-

armes contre les puissances alliées jusqu'à la conclusion de la paix ou l'échange.

Tous les conscrits seront renvoyés chez eux d'après le décret du gouvernement provisoire de France du 5 avril année courante.

Les vieux soldats, qui forment les dépôts de plusieurs régiments, seront dirigés sur un lieu non loin de la Place, qui leur sera désigné (1) pour y attendre des ordres ultérieurs.

Les officiers seront libres de suivre leurs troupes ou se retirer où bon leur semblera.

mènera avec elle les deux pièces de canon dont il est parlé à l'article premier.

ARTICLE CINQ

Accordé.

Il sera fourni des voitures pour le transport des malades et blessés dont la situation leur permettra de suivre la garnison ou de se rendre dans leurs foyers.

ARTICLE SIX

Accordé.

Les malades et blessés seront traités par des officiers de santé français qui seront désignés par le commandant jusqu'à leur guérison. Il leur sera également fourni des moyens de transport pour se rendre dans leurs foyers.

ARTICLE SEPT

Tous les arsenaux, ateliers, établissements militaires, magasins, caisses, artillerie, pa-

Les caisses, papiers et généralement tout ce qui appartient à l'administration générale des

(1) Ce fut Vesoul.

piers regardant la Place, cartes plans et dessins seront, avec loyauté, réunis entre les mains des commissaires qui seront chargés de part et d'autre pour rendre et prendre la consigne de tous les objets ci-dessus désignés.

Les papiers qui regardent l'administration particulière des corps pourront être transportés par la garnison.

corps sera respecté. Il sera en conséquence fourni des voitures pour le transport de tous les effets qui suivront, autant que possible, les troupes de la garnison.

ARTICLE HUIT

1° Les habitants seront soulagés autant que possible pour le logement des troupes de passage.

1° La ville, autant que possible, ne sera pas sujette au logement de passage.

2° Ce paragraphe sera dans le même sens que le premier.

2° Les troupes qui devront composer la garnison seront casernées et les habitants ne seront pas astreints à les nourrir.

3° Ce paragraphe ne dépend pas de Monsieur le Général commandant le blocus.

3° Il ne sera prélevé aucune imposition de guerre.

Accordé.

4° Nul citoyen ne pourra être inquiété relativement à ses opinions politiques et religieuses ni pour aucun fait qui se serait passé pendant le blocus.

Accordé.

5° Les personnes et les propriétés, tant de la ville que des faubourgs, seront respectées.

6° C'est à l'autorité civile à décider ce paragraphe.

6° Les bourgeois qui désireront quitter la ville pourront se retirer partout où bon leur semblera avec les effets qu'ils voudront emmener; ils seront à cet effet autorisés à se procurer les moyens de transport nécessaires.

ARTICLE NEUF

Le gouvernement français décidera de cet article.	L'hôpital n'étant point une administration du gouvernement mais appartenant à l'hospice civil, tout son mobilier lui restera comme propriété de l'économie et de l'administration de l'hospice civil.

ARTICLE DIX

Les militaires voyageront comme les troupes alliées.	Les vivres, logement et indemnités d'étape seront fournis aux officiers, sous-officiers et soldats de la garnison pour se rendre à leur destination.

ARTICLE ONZE

Accordé.	Si, dans les articles de la présente capitulation, il s'en trouvait qui offrent deux sens différents, ils seront interprétés à l'avantage de la garnison.

Fait et arrêté à la maison Gasner le 12 avril 1814.

Signé à l'original : KAIL, EMON, YOUNG, SCHERER et GERNSDORF.

Vu et ratifié à Belfort, le 12 avril 1814, par nous, commandant des ville et Château de Belfort,

LEGRAND.

Vu et ratifié à Bavilliers, le 12 avril 1814, par nous commandant le blocus de Belfort,

DRECHSEL,

Général de division.

PIÈCE ANNEXE N° 30

A Messieurs les chefs, officiers et à tous les militaires qui composent la garnison de la Place de Belfort

Belfort, 13 avril 1814.

Braves soldats,

La Place et le Château, que vous avez défendus pendant 113 jours avec autant de valeur que de patience, vous immortaliseront dans les fastes de l'histoire; faibles dans tous nos moyens de défense, votre héroïsme a suppléé à tout ce qui nous a manqué; une capitulation honorable, qu'un ennemi généreux ne peut refuser à votre belle conduite, sera le prix de votre longue résistance. Vous avez su braver le feu de l'ennemi, vous avez supporté avec courage les privations des choses nécessaires à l'existence; les frimas, les neiges d'un hiver rigoureux ne vous ont point abattus, vous êtes restés inébranlables à vos devoirs : tels sont les titres que vous avez à l'estime et à la reconnaissance de la Patrie. Soldats, je m'empresserai de transmettre au Gouvernement la relation du siège dans lequel vous vous êtes montrés si vaillamment.

Recevez, généreux compagnons d'armes, les sentiments d'estime, d'admiration et de reconnaissance que je vous dois et qui jamais ne s'effaceront de mon âme.

Le Commandant d'armes,

LEGRAND.

PIÈCE ANNEXE N° 31

Le Commandant d'armes des Place et Château de Belfort aux habitants de la ville

Belfort, 15 avril 1814.

Citoyens,

C'est à vos généreux efforts, aux secours multipliés que vous avez prodigués à la garnison, que nous devons la longue résistance que nous avons mise à défendre notre Place. Enfermée pendant 113 jours dans une ville qui était dénuée de toute espèce d'approvisionnements, la garnison n'a trouvé ses subsistances que dans les vôtres; vous avez logé le soldat, et vous avez suppléé à l'insuffisance de sa nourriture en partageant la vôtre avec lui, vos maisons ont été remplies de malades, vous les avez soignés et beaucoup de bourgeois ont été victimes de leur dévouement.

Habitué à vivre au milieu de vous, j'ai eu souvent l'occasion de juger qu'aucun sacrifice ne vous coûtait, lorsqu'on vous parlait au nom de la Patrie et de l'Honneur.

Recevez, braves habitants, le tribut de reconnaissance que je vous dois, tant en mon nom qu'en celui des valeureux militaires que j'ai eu l'honneur de commander. En quittant momentanément votre Place, mon plus vif regret sera de m'éloigner d'une ville que j'ai habitée pendant dix-huit ans, et dans laquelle je n'ai éprouvé que des marques d'estime et de confiance : conservez-moi le même attachement que je vous ai voué pour la vie.

LEGRAND.

PIÈCE ANNEXE N° 32

Certificat de la Municipalité de Belfort (28 mai 1806)

Nous, maire et adjoints de la ville de Belfort, certifions que, depuis le moment que M. Legrand, commandant d'armes de cette Place, est entré en fonctions, il les a remplies avec la plus grande exactitude et tout le succès possible, qu'il a toujours existé et qu'il existe la plus parfaite harmonie entre lui et nous, ainsi qu'avec les autres fonctionnaires publics de cette ville et de l'arrondissement, qu'il maintient avec fermeté le bon ordre, la tranquillité et la discipline militaire, tant parmi les troupes de la garnison que parmi celles qui ne font qu'y passer, que cet officier ne cesse de se rendre recommandable par le zèle et l'activité qui le distinguent, qu'il jouit pleinement de notre estime et de notre confiance, ainsi que de celle de nos concitoyens qui, dans la dernière élection, l'ont choisi pour être un des électeurs de l'arrondissement, que cette estime et cette confiance sont encore méritées par son assiduité à assister aux assemblées du Conseil municipal, ainsi qu'à celles de la Commission administrative de l'hospice civil, en qualité de membre de l'un et de l'autre. Pour toutes ces raisons, nous ne pourrions voir son changement qu'avec peine.

Fait à Belfort, le 28 mai 1806.

GÉRARD, *maire;*
GUY, *1er adjoint;*
JEAN-PIERRE BLÉTRY, *2e adjoint.*

Le général membre de la Légion d'honneur, sous-préfet de l'arrondissement de Belfort, certifie le contenu, dans la déclaration de la municipalité, de la plus exacte vérité, et déclare en outre que, sous tous les rapports, il n'a jamais ouï parler de M. le Commandant d'armes de Belfort que de la manière la plus avantageuse pour lui. Sa conduite militaire lui mérite la confiance et l'estime générales.

Belfort, 6 mars 1806.

MENGAUD.

PIÈCE ANNEXE Nᵉ 33

Au Ministre de la Guerre

Belfort, 18 juillet 1814.

Mon Général,

Le 28 dernier, d'Epinal, j'ai eu l'honneur d'écrire à V. E. afin d'intéresser sa bienveillance en faveur de Monsieur Legrand, Chef de bataillon, Commandant d'armes de la Place de Belfort, pour que sa place lui fût conservée. Sa conduite pendant le blocus de Belfort lui a mérité cette faveur. Sa longue résistance de 113 jours sans être pourvu de vivres prouve assez que la confiance du gouvernement, tel qu'il fût, était légitime. A mon retour à mon poste, j'ai appris avec indignation que des dénonciations aussi sourdes que basses suspendaient le retour du Commandant d'armes de cette Place; il est incontestable, Monseigneur, que pendant un laps de temps considérable de misère et pour se préserver d'une surprise, des intérêts ont été froissés.

Je ne vois dans ces dénonciations qu'un esprit de vengeance indigne de tout être honnête. Directement ou indirectement, on voudrait rendre Monsieur Legrand responsable de dégâts particuliers que les circonstances ont commandés. Et que serait-ce donc s'il eût ordonné la destruction de toute habitation à la portée du canon de la Place?

Quoique essentiellement bon, il n'a pu s'opposer formellement à la destruction de quelques gloriettes ou baraques qui pouvaient gêner l'effet des batteries du fort, et offrir à l'ennemi un abri trop près du canon. Ce brave homme donc, de principes aussi honnêtes que purs, souffre de l'ingratitude de quelques individus. Près de dix-huit ans, il a commandé dans cette place, alliant toujours la bonté avec la fermeté, sans jamais s'écarter de la justice. Je l'ai vu, dans le régiment du Maréchal de Turenne, y mériter l'estime et l'amitié de ses chefs : comme ancien officier de ce corps, je me ferai toujours un devoir de lui rendre ce témoignage mérité.

Je suis persuadé que V. E. n'a suspendu son retour dans sa place que pour faire ressortir davantage son innocence après de mûres informations, et qu'enfin il sera rendu à sa femme tourmentée de son absence, à sa fille, prête d'accoucher, fatiguée des tribulations de son adoré père, et à ses deux fils dont l'éducation souffre de l'éloignement prolongé de leur tendre père.

Je suis avec respect,

Mon Général,

de votre Excellence,

Le très humble et très obéissant serviteur.

LOUIS DEROBERT-DUCHATELET.

TABLE DES MATIÈRES

Pages

AVANT-PROPOS 5

CHAPITRE PREMIER

Belfort en 1813 :

a) *Un gîte principal d'étapes pendant la campagne d'Allemagne* 7

b) *La place de Belfort à la veille de l'Invasion* 18

c) *L'Invasion* 37

CHAPITRE II

La première période du siège (du 24 décembre 1813 au 2 janvier 1814). 41

CHAPITRE III

La deuxième période du siège (du 2 au 15 janvier 1814) . . . 63

CHAPITRE IV

La troisième période du siège (du 15 au 17 janvier 1814). . . 77

CHAPITRE V

La quatrième période du siège (du 17 au 29 janvier 1814). . 83

CHAPITRE VI

La cinquième et dernière période du siège (du 29 janvier au 12 avril 1814). 91

a) *Première phase : la période des sorties (du 29 janvier au 22 mars)*. 93

b) *Deuxième phase : du 23 mars à la Capitulation (12 avril)*. 128

CHAPITRE VII

La Capitulation. 143

CONCLUSIONS 149

PIÈCES ANNEXES. 159

Marc Imhaus & René Chapelot, imprimeurs, Nancy et Paris.

CROQUIS N° 1

BELFORT EN 1814

LÉGENDE

1. [illegible]
2. [illegible]
3. [illegible]
4. [illegible]
5. [illegible]
6. [illegible]
7. [illegible]
8. [illegible]
9. [illegible]
10. Église.
11. Hôtel de Ville.
12. Corps de Garde.
13. [illegible]
14. [illegible]
15. Hôpital civil.
16. Place d'Armes.
17. Place du Manège.
18. Place Grande-Fontaine.
19. Place Petite-Fontaine.
20. [illegible]
21. [illegible]

la Justice

CHATEAU

Echelle

CROQUIS N° 2

ENVIRONS DE BELFORT EN 1814

Echelle

Le siège de Pylos ; par le contre-amiral SERRE. 1891, in-8. . . . . 50 c.

Le siège de Marseille par Jules César (l'an 49 avant Jésus-Christ). — Etude d'archéologie topographique et militaire ; par ROUBY, chef d'escadron d'état-major. 1874, vol. in-8 avec 2 plans en couleurs . . . . 2 fr. 50

Relations des principaux sièges faits ou soutenus en Europe par les armées françaises depuis 1792, rédigées par MM. les officiers généraux et supérieurs du corps du génie qui en ont conduit l'attaque ou la défense, précédées d'un précis historique et chronologique des guerres de la France depuis 1792 jusqu'au traité de Presbourg en 1806 ; par DE MUSSET-PATHAY. 1806, 2 vol. in-4, dont un de planches . . . . 35 fr.

Relation de la campagne de Syrie, spécialement des sièges de Jaffa et de Saint-Jean-d'Acre ; par le lieutenant-colonel d'artillerie RICHARDOT. 1839, vol. in-8 avec atlas in-4 . . . . 5 fr.

Journal des opérations militaires et administratives des sièges et blocus de Gênes : par le général de division d'état-major THIÉBAULT, nouvelle édition, ouvrage refait en son entier avec addition d'un second volume comprenant un grand nombre de pièces inédites, officielles et d'une haute importance. 1847, 2 vol. in-8 avec 2 portraits, 5 cartes et planches . . . . 8 fr.

Journaux des sièges faits ou soutenus par les Français dans la Péninsule de 1807 à 1814 ; rédigés d'après les ordres du Gouvernement, sur les documents existants aux archives de la guerre et au Dépôt des fortifications ; par J. BELMAS, chef de bataillon du génie. 1836, 4 vol. in-8 et atlas in-folio de 24 planches . . . . 50 fr.

Les sièges de Danzig et l'occupation française (1807-1813) ; par le général BOURELLY. 1904, broch. in-8 . . . . 75 c.

Le siège de Tarragone en 1811, d'après la version espagnole comparée avec les textes français ; par le comte de VALICOURT, consul de France à Valence. 1900, in-8 avec plan . . . . 2 fr.

La conquête de Valence par l'armée française d'Aragon (1811-1812) ; par le comte Charles de VALICOURT. 1906, in-8 avec vues et plans . . . . . 2 fr. 50

Recueil de documents sur l'expédition et la prise de Constantine par les Français en 1837, pour servir à l'histoire de cette campagne. 1839, vol. in-8 et atlas in-folio. . . . . 6 fr.

Attaques et bombardements maritimes avant et pendant la guerre d'Orient (Sébastopol. — Bomarsund. — Odessa. — Sweaborg. — Kinburn) ; par Richild GRIVEL, lieutenant de vaisseau, 2e édition. 1857, vol. in-8 . . 3 fr.

Siège de Sébastopol. — Journal des opérations du génie, publié avec l'autorisation du Ministre de la guerre ; par le général NIEL, avec un atlas in-folio de 15 planches. 1858, vol. in-4 avec l'atlas en portefeuille . . . 60 fr.
Avec atlas monté sur onglets. 65 fr.
— en portefeuille avec les pl. 1, 2 et 8 coloriées. . . . . 70 fr.

Le Siège de Silistrie en 1854 ; par un anonyme. 1876, in-8 avec 3 c. 2 fr. 50

BIBLIOTHEQUE NATIONALE DE FRANCE
3 7531 04426265 8

www.ingramcontent.com/pod-product-compliance
Ingram Content Group UK Ltd.
Pitfield, Milton Keynes, MK11 3LW, UK
UKHW012213240726
13966UKWH00002B/733

9 782011 270528